Adolf Georg Carl Lincke

Geschichte der St. Johannis-Loge zu den drei Zirkeln früher la parfaite union im Oriente Stettin

Adolf Georg Carl Lincke

Geschichte der St. Johannis-Loge zu den drei Zirkeln früher la parfaite union im Oriente Stettin

ISBN/EAN: 9783742869210

Hergestellt in Europa, USA, Kanada, Australien, Japan

Cover: Foto ©Thomas Meinert / pixelio.de

Manufactured and distributed by brebook publishing software
(www.brebook.com)

Adolf Georg Carl Lincke

Geschichte der St. Johannis-Loge zu den drei Zirkeln früher la parfaite union im Oriente Stettin

Geschichte

der

St. Johannis-Loge

ZU DEN DREI ZIRKELN

früher

la parfaite union

im

ORIENTE STETTIN.

Zur

Säcular-Feier der Loge

am

3. und 4. April 1862

von

Br. A. G. C. Lincke,
Secretair der Loge.

Manuscript für Brüder.

Stettin 1862.
Druck von R. Grassmann.

Bei dem lebhaften Handelsverkehre Stettins mit den britischen, holländischen und deutschen Häfen der Nordseeküste während der Ausbreitung der Freimaurerei von England nach dem Continente haben sich zwar frühzeitig einzelne Bewohner Stettins dem Bunde angeschlossen; aber eine Loge wurde erst 1760 von einigen östreichischen kriegsgefangenen Officieren hier errichtet: die Militairloge l'Union. Meister vom Stuhl war der K. K. Artillerie-Ober-Lieutenant Mazard, nach seiner spätern Angabe in einer „Nationalloge von Würtemberg, zur vollkommenen Einigkeit" aufgenommen. Ausserdem gehörten ihr die Officiere Bavet, Schickard, Mackard und v. Sack an; Trendel war dienender Bruder. Man arbeitete nach einem französischen System, das wegen seiner vielen Grade (Elû, Ecossais, Chevalier de soleil werden genannt) grosse Kosten verursachte. Diese zu decken, nahm man bald auch Civilpersonen, namentlich junge Kaufleute auf, so 1760 die BBr. A. G. Stoltenburg, J. H. Heuer und Oldenburg; 1761 die BBr. C. W. Schwitzky, A. G. Fleck, J. F. Mölling und P. B. du Guibert. Die Arbeiten fanden in einem Hause auf der Lastadie Statt, das Johannisfest wurde 1761 im Hoffiskal Lothsack'schen Hause am Marienplatz gefeiert. Als aber bekannt wurde, dass ausser den Logenreceptionen von den Beamten noch Winkelaufnahmen vorgenommen wurden, überdies den einheimischen Brüdern ansehnliche von den Logenbeamten verursachte Schulden zur Last fielen, schieden mehrere dieser BBr. aus und veranlassten dadurch die Auflösung der Loge. Nicht aber hatten damit die Winkelaufnahmen ihr Ende

1*

erreicht: die BBr. Wolter, Schröder, Gohl und Much werden als noch später unregelmässig aufgenommen bezeichnet.

So üble Vorstellungen die Aufgenommenen in der l'Union auch von der Maurerei hätten gewinnen können, so hielten sie doch fest an dem erkannten Kern und beschlossen, im Stillen ihre Arbeiten fortzusetzen. Am 24. September traten im Garten des Senator Roth auf der Lastadie die BBr. Schwitzky, Fleck, Mölling, du Guibert und Stoltenburg zusammen und errichteten eine neue Loge „la parfaite union, zur vollkommenen Einigkeit“, die Aemter, so gut es gehen wollte, unter sich vertheilend; Br. Schwitzky wurde Meister vom Stuhl. Die Mitglieder der l'Union wurden, mit Ausnahme Mackards, welcher bei der neuen Einrichtung vielfach hülfreiche Hand leisten musste, und des dienenden Br. Trendel, vom Besuche ausgeschlossen, und mehrere derselben in das schwarze Buch eingetragen.

In dem folgenden Winter wurden 17 Logen der Lehrlinge, 5 der Gesellen und 13 der Meister abgehalten, Festloge war das Johannisfest am 26. December. Von der l'Union überkam man wahrscheinlich die „Verpflichtungen eines Freimaurers“, sowie die „Gesetze für die BBr. und Ritter des Ordens St. Johannis von Jerusalem“. Im Lehrlings- und Gesellengrade werden Instructionen und Reden erwähnt, in der Meisterloge wurden die Logenangelegenheiten berathen und ihre Beschlüsse waren für die Loge massgebend. Zeit und Ort der Arbeit erlitten mannigfachen Wechsel; doch herrschte in der Arbeit selbst strenge Ordnung; Aufnahme Suchende und Besuchende behandelte man mit grosser Vorsicht. Trotz einfachster Oeconomie reichte der auf 1 Thlr. festgesetzte monatliche Beitrag, wie die 20 bis 50 Thlr. betragenden Receptionsgebühren nicht zur Bestreitung der Kosten aus, so dass sich am Jahresschluss ein Deficit von 111 Thlr. 6 Pf. fand, welches indess durch Vorschuss von einigen BBr. bereitwillig gedeckt wurde. Aufgenommen wurden in diesem Winter die BBr. E. C. Witte, J. B. Wolff und F. W. Scholz und der dienende Br. Dümmler.

Am 17. Januar 1762 erschien der Br. Starkgraff, 1ster Vorsteher der Loge zu den drei Weltkugeln in Berlin als

Besuchender. Er wurde ersucht, von dieser Loge eine Constitution auszuwirken: „gern werde man diese würdige Loge als Mutter erkennen und den Namen einer würdigen Tochter zu verdienen suchen." Starkgraff sagte seine Verwendung zu. Das am 2. März 1762 ausgestellte Patent wurde dem Br. Jean de Friese, hiesigem Mitgliede der Mutterloge, übersandt und von diesem am 4. April die feierliche Installation der Loge durch Ueberreichung des Constitutionspatents und Bestellung des Br. Schwitzky zum deputirten (?) Meister vom Stuhl vollzogen. Mölling wurde zum 1sten, Fleck zum 2ten Aufseher, Stoltenburg zum Secretair und Redner, du Guibert zum Stewart und Schatzmeister ernannt.

In der Loge zur vollkommenen Einigkeit sind bis zu ihrer Auflösung im Decbr. 1764 im 1sten Grade 24, im 2ten 19 und im 3ten 28 Logenarbeiten abgehalten worden. Als Festtage sind bezeichnet der Installirungstag, des Königs Geburtstag, das Johannisfest und am 13. März 1763 das Friedensfest. Aufgenommen wurden in diesem Zeitraume die BBr. M. G. Hoyer, J. F. Gawron, C. L. Peters, J. H. Wiehe, A. Jeanson, J. K. Damerow, G. C. F. Rettich, D. Ph. Filius, H. G. Effenbart, N. E. Schorstein, G. Ch. Velthusen, C. Ch. v. Kahlenberg, J. A. v. Oesterling, J. Ch. Planert, J. G. Allut und die dienenden BBr. J. A. Redon, C. G. Hildebrandt. Ausserdem schlossen sich der Loge als Mitglieder an die Brüder J. v. Perard, J. de Friese, J. B. Engelhoff, D. v. Viettinghoff, J. Ch. A. Thede, J. H. Heuer, J. G. Fritze, F. C. v. Sobeck, C. W. v. Bismark, T. F. Hasselbach, und durch förmliche Reception wurden die durch Winkelaufnahme recipirten BBr. D. A. Gohl, J. Ch. Koch und J. A. Much der Loge angeschlossen.

Aenderungen in der Logenthätigkeit wurden durch den Anschluss an die Mutterloge nicht herbeigeführt. Erst mit dem von der Loge erbetenen Besuche Rosa's vom 11. bis 25. Jan. 1763, für welche Zeit man Aufnahmen und Beförderungen besonders aufbehalten hatte, traten dergleichen Aenderungen auf — Ballotagen und Prüfungen vor der Beförderung. Rosa veranlasste eine Umordnung der Beamtenstellen und setzte zur Wahrnehmung der Rechte der Mutterloge den Br. v. Perard als Special-Deputirten derselben ein.

Durch ihn wurde in diesen Tagen auch eine Schottenloge und kurz darauf ein Capitulum Hierosolymitanum errichtet. Fand auch keinerlei Abhängigkeit der Johannisloge von dem Capitel Statt, so ist doch seine Einrichtung nicht ohne bedeutsamen Einfluss auf die Entwickelung derselben geblieben. Mit Benutzung der Gesetze der Mutterloge erfuhren die Gesetze der Loge in diesem Jahre eine gänzliche Umarbeitung, in welcher die „Verpflichtungen eines Freimaurers" fehlen. Manches Neuaufiretende — Tapiserklärung, Examinationen in der Loge, besondere exercice-Logen, das Absingen von Liedern während der Arbeit, das Schliessen der Kette, regelmässig wiederkehrende Beamtenwahlen — beruht wohl auf einem noch einige Zeit fortdauernden brieflichen Verkehr mit Rosa. Er sandte auch von Halle den Br. Fritze, um als Secretair und Redner gegen einen monatlichen Gehalt von 10 Thlr. an der Umgestaltung der Loge mitzuwirken.

Zwar wurden jetzt die Arbeitstage fester bestimmt, doch konnte man noch kein bleibendes Local erlangen. Bei einfachen Ansprüchen und wachsender Mitgliederzahl ordneten sich bald die öconomischen Verhältnisse der Loge, so dass man der Armenpflege reichlichere Mittel zuwenden und selbst damit an die Oeffentlichkeit treten konnte. Von grosser Wichtigkeit aber wurde der sich schnell ausbreitende Verkehr mit der Mutterloge und den Schwesterlogen in Hamburg, Braunschweig, Halle, Königsberg, Danzig, Rostock, Kopenhagen, Jena, Breslau, Stralsund, Greifswald, Dresden und Magdeburg: zu Theilnahme und Nacheiferung anregend, erhielt er das Interesse für das maurerische Leben stets lebendig. Gern und reichlich unterstützte man Jena bei Anlegung der Rosenschule unter Darje's Leitung; nach dem Beispiel der Halleschen Loge legte man 1762 eine Logenbibliothek an und gestattete 1764 mehrerern Brüdern die Veranstaltung eines wöchentlichen Concertes in den Vorderzimmern der Loge unter Zutritt Fremder.

Aber dieser Verkehr mit den Schwesterlogen riss die Loge auch bald in die maurerischen Wirren jener Zeit hinein. Als in Danzig 1763 in Folge heftiger Angriffe der Geistlichkeit der Magistrat zu einem Edict gegen die Freimaurerei genöthigt worden war, kamen die dortigen Brüder durch das wegen dieses Edictes an den Magistrat erlassene „Danksagungsschreiben der Teutschen Loge der Freimaurer in Jena" in die allerübelste Lage. Hatten sie bei der Stettiner Loge zuerst um Fürsprache wegen des Edicts bei dem Magistrat nachgesucht, so wünschten sie nun, man möchte die Jenaer Loge bewegen, öffentlich bekannt zu machen, dass ihr Danksagungsschreiben nicht auf sie — die Loge zu den drei Sternen, — als eine rechtmässig etablirte Loge abziele. Noch ungewiss, was in dieser schwierigen Lage zu thun sei, zeigte die Mutterloge die erfolgte Annullirung der Jenaer Loge zu den drei Rosen in Folge des Jonson'schen Auftrittes an, und forderte Aufhebung aller brüderlichen Gemeinschaft mit derselben. Von Jena aus suchte man dagegen die Beschuldigungen der Mutterloge zu widerlegen und forderte zugleich zur Absendung eines Deputirten auf, den man im wahren Ordenssystem unterrichten wolle. Man behielt sich der Mutterloge gegenüber einen später zu fassenden Beschluss vor und setzte eine Commission ein, um sich zuvor genau von der Sachlage zu unterrichten. Am 5. März 1764 entschied man sich: „da man von der Mutterloge bisher in Ungewissheit und Dunkelheit in Absicht des Ordens gelassen, auch in derselben schädliche Zerwürfnisse obwalteten, ihr fernerhin allen Gehorsam und Verbindung aufzukündigen, nach dem Beispiel Rostock's und Halle's sich dagegen an das Jenaer System anzuschliessen". Vergeblich hatte die Mutterloge de Friese zur Wahrnehmung ihrer Rechte das Ehrenmitgliedszeichen übersandt; er thut hier nichts und nur v. Perard hinderte durch Zurücknahme des Patents heftigere Auftritte. Den Br. Fritze sandte man am 20. März nach Jena und vereitelte, „um alle Misshelligkeiten beizulegen", die von einigen früher von der Mitgliedschaft zurückgewiesenen oder excludirten Brüdern versuchte Bildung einer zweiten Loge durch Aufnahme der BBr. Gohl, Koch und Much. Mit gespannter Erwartung sah man nun den Berichten des Br. Fritze entgegen: nach einigen, wenigen Mittheilungen berichtete er, dass man ihm noch nicht das Ganze geben könne — liess dann aber durchaus nichts Wei-

teres von sich hören. Er war zu der damals sich bildenden
stricten Observanz übergetreten und hatte sich nach Magdeburg, seinem Geburtsorte, begeben, um dort für die Einführung derselben thätig zu sein. Erst später erfuhr man von
Berlin aus den kläglichen Verlauf der Jenenser Angelegenheit, sowie die Entwickelung der stricten Observanz; zugleich wurde das Schreiben Schubarth's an die Mutterloge
mitgetheilt, welches diese zum Uebertritt zur stricten Observanz bewog. Auf eine durch den Br. Schwitzky persönlich
in Berlin erfolgte Einladung kam dann Schubarth am 3. December nach Stettin; am 5. December unterschrieben 22 Brüder die Obedienz-Acte und am 14. December wurde nach
Aufhebung der alten Loge zur vollkommenen Einigkeit von
ihm eine neue und gerechte Loge der stricten Observanz unter
dem Namen „zu den drei Zirkeln" durch Anzünden des Lichtes und Uebergabe des Certificats der Loge an den zum beständigen Meister derselben ernannten Br. Thede constituirt;
v. Bobeck wurde zum beständigen 1sten, v. Viettinghoff ad
interim zum 2ten Vorsteher ernannt. Die Loge wurde zur
Dependenz an die alte Mutterloge — Capitel Templin, an
dessen Spitze der Br. v. Zinnendorf stand — gewiesen, jedoch
mit dem Versprechen, dass sie selbst zur Mutterloge erhoben
werden und dann unmittelbar von den hohen Ordens-Obern
abhangen solle, wenn sie 33 Mitglieder zähle.

In dem guten Glauben, nun endlich auf den rechten Weg
der Freimaurerei gelangt zu sein, ging die Brüderschaft mit
erneutem Eifer an die Arbeit. Um angesehene Männer zu
bewegen, ihre Kräfte den Bestrebungen der Maurerei zu wid-
men, suchte man zunächst der Loge äusserlich „Glanz und
Lustre" zu verschaffen. Man miethete die 2te Etage des
damals Zhaetzke'schen Hauses (gr. Domstrasse No. 18), um
zu den weitergreifenden Zwecken der Loge ein entsprechen-
des Local zu gewinnen. Besondere Sorgfalt wandte man der
Bibliothek zu, so dass sie durch die Beiträge der Mitglieder,
der Besuchenden und solcher Personen, denen man den Zutritt zu den maurerischen Kreisen gestattete, rasch anwuchs.
Nach Entwurf besonderer Leges bibliothecae wurde Br. Fleck
zum Bibliothekar ernannt und die Bibliothek am 15. Septbr.

1765 feierlich installirt. Daneben gründeten die Br. Fleck
und Stoltenburg aus eigenen Mitteln eine Naturaliensammlung,
welche sich ebenfalls bald reichlicher Beiträge erfreute. Wich-
tig wurde die Verbindung der Loge mit der Alethophilischen
Gesellschaft, welche, „wie die Loge nur das allgemeine Beste
im Auge habend“, am 2. December 1766 ihre Instrumente
und Bücher gegen die Berechtigung, ein Zimmer der Loge
zu ihren Versammlungen zu benutzen, der Loge übergab.
Diesen Gewinn für die Loge nutzbar zu machen, veranlasste
man 1767 den Professor Bischof, den Brüdern Vorträge über
Experimental-Physik zu halten. Im Sinne der Alethophilen
war es auch, dass die Brüder sich verpflichteten, wöchentlich
der Reihe nach eigene Vorträge zu halten, zu denen gute
Freunde mitzubringen gestattet wurde. Noch näher trat man
der Aussenwelt durch die weitere Ausbildung der schon in
der parfaite union angeregten wöchentlichen Logen-Concerte,
musikalischer Unterhaltungen, deren im ersten Winter 24
stattfanden. Der Besuch der Damen war zunächst ausgeschlossen, Tanz und Spiel untersagt, Tabakraucher in ein be-
sonderes Zimmer verwiesen. Als Höhepunkt erscheint die
Aufführung der Graun'schen Passion zum Besten der Armen.
Als dann auch Damen der Zutritt gestattet wurde und selbst
der Herzog v. Bevern, damals Gouverneur Stettins, die Concerte häufig besuchte, wurden sie ein Sammelpunkt der gebildetsten und angesehensten Bewohner Stettins. Durch solche
Bestrebungen gewann die Loge bald eine einflussreiche Stellung in der profanen Welt, und Einheimische wie Fremde,
die ihrem Kreise nahe getreten waren, blieben mit ihr in
freundlicher Verbindung. Die zu allen diesen Unternehmungen
erforderlichen Geldmittel herbeizuschaffen, und besonders für
die Loge ein Capital zu sammeln, aus dessen Zinsen man mit
der Zeit die Kosten derselben bestreiten zu können hoffte,
traten 1765 die BBr. Thede, Fleck, Stoltenburg und Wolff
zu einem Compagniegeschäft zusammen. Im nächsten Jahre
lösten sie dasselbe jedoch zu Gunsten einer von sämmtlichen
Brüdern auf Actien errichteten Schwarzseifen-Siederei auf,
von deren Ertrag der Loge vorweg 10 % zur Erwerbung
eigener Actien zuflossen.

Weniger erfreulich war die Entwickelung des eigentlichen Logenlebens. Zwar haben sich der Loge während der Hammerführung des Br. Thede bis zum December 1767 durch Reception die BBr. G. Ph. Battré, Ch. P. Wievel, W. Ouchterlony, Ch. L. Krause, A. F. v. Knobelsdorff, H. Zhaetzke, J. F. Fleck, J. H. Gasser, F. W. v. Kalkreuth, A. G. H. v. d. Gröben, J. B. W. Hymmen, Graf B. F. Küssow, J. G. Weylandt, F. A. v. Eiff, G. F. Seebach, O. G. B. C. v. Werner, J. F. Schatz, S. D. Löper und die dienenden Br. J. Karsch und J. G. Mehnert und durch Affiliation die BBr. D. Letocart, J. T. Targa, J. Wilhelmy und G. S. Bärensprung, so wie durch Aufnahme in die stricte Observanz die BBr. v. Oesterling, Heuer, Hasselbach, Ollsen, Schorstein und der dienende Br. Hildebrandt, meistentheils frühere Glieder der parfaite union, angeschlossen; aber die sich bald geltend machenden Grundsätze der stricten Observanz in Bezug auf Aufnahme, Verwaltung des Logenvermögens, den Landesgesetzen widersprechende Abgaben an unbekannte Obere ausser Landes, unbeschränkte Autorität des Meisters, dabei Mangel jedes Fortschrittes in maurerischer Erkenntniss riefen eine Missstimmung unter den BBr. hervor, welche Br. Thede vergeblich durch ein erneut abgelegtes Versprechen des Festhaltens an dem eingeschlagenen Wege zu beseitigen suchte. Dazu kam, dass bei dem Schwanken zwischen dem Altherkömmlichen und der neuen, nur im Nothwendigsten geordneten Einrichtung manche hinderliche Unordnung einriss, in deren Folge eine merkliche Abnahme des Logenbesuches eintrat. Erst im Juli 1765 kam man dazu, neue Gesetze zu entwerfen, um die Ordnung wieder herzustellen. Sie riefen Seitens des Br. v. Perard einen offenen Angriff auf die Berechtigung der stricten Observanz hervor, welcher aber, um weitere Zerwürfnisse zu vermeiden, unterdrückt wurde.

In den neuen Gesetzen treten neben Receptions- und Tafellogen Recreationslogen, Conferenzen und ausserordentliche Zusammenkünfte auf, zu welchen letztern auch Fremde mitgebracht werden konnten. Der Verkehr mit Logen stricter Observanz, soweit die Adresse des Meisters mitgetheilt worden, geschah durch den Meister allein, mit Logen latae obs.

ward er nur unterhalten, um auch sie der stricten Observanz zuzuführen. Von weitreichenden Folgen aber war die üble Gestaltung des Verhältnisses zur Mutterloge. Das Ausbleiben der von Schubarth versprochenen weitern Aufklärung in Ordenssachen, die Beschränkung des Verkehrs mit andern Logen durch Vorenthaltung der Adressen, Verweigerung eines Vicars bei der amtlich gebotenen häufigen Abwesenheit Thede's, Verhandlungen mit einzelnen BBr. ohne Vorwissen des Meisters, Hinausschieben der Rückzahlung eines an den vom Br. v. Zinnendorf in Logenangelegenheiten nach Schweden gesandten Br. Baumann geleisteten Reise-Vorschusses, der Anspruch auf einzuholende Zustimmung zu den Unternehmungen zu Gunsten der eigenen Loge; dabei das Bewusstsein eigener, erfolgreicher Thätigkeit im Sinne des Ordens und die Erwartung baldiger Erhebung zu einer Mutterloge, die nur gehemmt wurde durch die verweigerte Weiterbeförderung alter verdienter Brüder; führten zunächst einen bittern Briefwechsel zwischen den BBr. Thede und v. Zinnendorf herbei, der zwar mit dem Rücktritte v. Zinnendorfs und dem Versprechen seines Nachfolgers, des Br. Krüger, den Forderungen der Loge gerecht zu werden, endigte: aber in den Mitgliedern der Loge hatte sich ein tiefes Misstrauen gegen alle nach Schubarths Anwesenheit getroffenen Einrichtungen und das Streben, die Abhängigkeit von der Mutterloge zu beseitigen, festgesetzt. Kurz hatte man daher die Theilnahme an dem (Schubarthschen) öconomischen Plane abgelehnt und der Verkehr mit der Mutterloge genügte eben nur der Erfüllung der nothwendigsten Formen. — Da wurde nach monatelanger Abwesenheit der Br. Thede nach Berlin berufen. Am 21. December 1767 nahm er von der Loge Abschied und übergab den Hammer dem Br. Letocart; zum deputirten Meister wurde der Br. v. Sobeck, zum 1sten Vorsteher der Br. v. Viettinghoff, zum 2ten der Br. Gasser ernannt.

Unter der dreijährigen Hammerführung des Br. Letocart wandten die BBr. wohl weitere Sorgfalt auf die äusseren Einrichtungen der Loge: man erwarb im Frühjahre 1768 das Zhaetzkische Haus eigenthümlich; Bibliothek und Naturalien-Cabinet wuchsen so an, dass sie des grösseren Raumes wegen

am Johannisfest 1763 feierlich im Concertsaale aufgestellt
wurden; für die Armenpflege war man im Stande, ein kleines
Capital zu bilden und auch die Oeconomie erhielt durch freiwillige Gaben einen gesicherten Bestand; aber weitere Anschaffungen für das physikalische Cabinet wurden abgelehnt,
die Concerte beschränkt und dem grössern Publicum die
Theilnahme entzogen, und die gemeinsam errichtete Seifen-
siederei 1770 aufgegeben. Dem bösen Schaden des schwa-
chen Besuchs der wöchentlichen Versammlungen abzuhelfen,
legte man indess vergeblich die Concerte auf den Mittwoch
und gestattete das Spiel, verlangte nur den Besuch des ersten
Mittwochs in jedem Monat, drohte mit Exclusion nach drei-
maligem unentschuldigtem Fehlen: der allmälig eintretende
Gebrauch des neuen Rituals und die Ausführung der von der
Mutterloge eintreffenden Gesetze, nach denen die BBr. nur
ihre Zustimmung zu den Anordnungen des Vorstandes der
Loge zu geben hatten, der Art, dass man 1769 und 1770
selbst die Führung von Protocollen für überflüssig ansah,
riefen in mehreren BBr. den Gedanken zur Gründung einer
zweiten Loge hervor. Br. Gohl wandte sich nebst 9 andern
BBr. der Loge mit einer Beschwerde über das eigenmächtige
Verfahren des Logenvorstandes in Betreff der Arbeitszeit, der
Verwendung des Logenlocals und der Besetzung der Aemter
an den Br. Theden, damals Meister der Loge Concordia in
Berlin und gründete am 22. Juni 1769 die Loge zu den drei
goldnen Ankern. Umsonst suchte die Mutterloge die abtrün-
nigen Brüder zurückzuführen; sie erbaten und erhielten von
der durch den Br. v. Zinnendorf in Potsdam gegründeten
Loge Minerva ein Constitutionspatent. Durch Thede's Vermittelung trat zwar wieder ein Anschluss der drei Zirkel an
die Mutterloge ein: die früher vernachlässigten BBr. wurden
befördert und die Einrichtung einer Commende zugesagt, wenn
man eine 2te Loge einrichten und sich zur Entrichtung des
Goldthalers verstehen wolle; andrerseits hatte die gewonnene
Einsicht keine Befriedigung gewährt, der Goldthaler wurde,
als eine Zinnendorf'sche Einrichtung nicht zu Recht bestehend, verweigert, dazu die Receptionsgebühren für die eigene
Loge in Anspruch genommen, damit man im Stande sei, einen

Logenfond zu sammeln, und die Errichtung einer zweiten
Loge war bei der geschwächten Mitgliederzahl unmöglich.
So kam man zu keiner Einigung. — Als Br. Letocart im
Frühjahr 1771 seiner Gesundheit wegen auf's Land ging,
übergab er den Hammer dem Br. S. D. Löper, um ihn interi-
mistisch bis zur Uebergabe an den zu diesem Zwecke schnell
weiter beförderten Br. J. J. Löper zu führen.
Aufgenommen wurden während dieser drei Jahre die
BBr. B. L. Groot, H. J. v. Kleist, G. A. Warnshagen, J. F.
Warnshagen, J. Ch. Schmidt, G. F. Friesner, J. J. Löper,
J. J. Rhades, Ch. F. Sanne, C. F. Peters, C. L. Löper und
Ch. L. Mützell.
Während der mit dem Johannisfeste (5. Juli) 1771 be-
ginnenden Hammerführung des Br. J. J. Löper nahm die Loge
unter der wiedereintretenden Mitwirkung der älteren Brüder,
aus denen ein engerer Ausschuss zur Berathung des Wohles
der Loge gewählt wurde, einen neuen Aufschwung. Unter
den von der Mutterloge vorgeschriebenen Formalien wurde
das bisher zum Scheine im Besitz des Br. Battré befindliche
Haus als Eigenthum der Loge declarirt. Dazu erwarb man
1771 den Andrä'schen Garten auf der Lastadie, in welchem
man 1772 zunächst nur zum Vergnügen, aber mit der Absicht, später die ganze Loge dahin zu verlegen, ein Garten-
haus erbaute. Um die Loge in gerichtlichen und auf ihr
Eigenthum bezüglichen Verhandlungen zu vertreten, wurde
ein Collegium von 5 Brüdern als Logenrepräsentanten gebil-
det. Für die Weiterbildung der Bibliothek wurde durch eine
1772 eingerichtete Lesegesellschaft gesorgt, und wieder Vorträge, Uebersichten über den Zustand der einzelnen Wissen-
schaften, gehalten, um den BBrn. die Bibliothek nutzbarer zu
machen; 1777 veranstaltete Br. Fleck den Druck des Cata-
logs derselben. Nach dem Uebertritt der letzten Alethophilen
zur Loge wandte man auch dem physikalischen Cabinet wieder seine Aufmerksamkeit zu. Zu den geselligen Vergnügungen gestattete man nur wenigen nicht maurerischen Familien den Zutritt. Sie fanden während des Winters im
Logenhause, während des Sommers im Garten Statt, bis dieser,
da die doppelte Oeconomie, so wie seine Erhaltung unerwartet

große Kosten verursachten, 1778 wieder verkauft wurde. Das bei dem Verkaufe übrig bleibende Capital wurde bei dem 1780 nothwendig werdenden Umbau des Logenhauses verwandt. Im Winter wurden alle 14 Tage Concerte veranstaltet, deren Abschluss in der Regel die Aufführung einer Kirchenmusik zu Gunsten der Armenkasse bildete. Aus dem Ertrage vermehrte man das Inventarium des städtischen Lazareths, liess den in demselben befindlichen Kranken nach des Br. Stoltenburg Vorgange wöchentlich 2mal eine warme Suppe reichen, übergab der städtischen Armenkasse ein kleines Capital, dessen Zinsen am Johannistage an die Kranken vertheilt werden sollte, ein anderes dem Waisenhause, unterstützte das durch einen Brand schwer heimgesuchte Jasenitz, oder liess die Einnahme durch die Geistlichen an die Armen ihrer Parochieen austheilen. Aus den gewöhnlichen Armensammlungen unterstützte man Wittwen und Waisen, arme Studirende, reisende BBr., so weit die eigenen und die von Freunden der Loge gern anvertrauten Mittel es gestatteten. „Von dem innern Zusammenhange des Ordens überzeugt", war Br. Löper von seiner Beförderung in die höhern Grade aus Berlin zurückgekehrt, wo er sich an Thede, der um diese Zeit die BBr. durch Uebersendung seines Bildes hoch erfreute, auf's Innigste anschloss. Mit Ernst ging er an die Ordnung der Logenarbeiten: über die Arbeiten wurden wieder Protocolle geführt, das Archiv geordnet, die Correspondenz mit andern Logen, so weit es die mangelhafte Kenntniss der Adressen zuliess, wieder angeknüpft, die neuen Rituale vollständig eingeführt und auf strenge Befolgung der gesetzlichen Vorschriften gehalten. Vorschläge und Receptionen kommen freilich in den Logenarbeiten noch nicht vor: sie sind lediglich Sache der Beamten. Streitigkeiten in der Loge zu schlichten, wurde indess 1775 ein Schiedsgericht eingesetzt, dessen Wirksamkeit sich auch auf die Profanangelegenheiten der BBr. erstreckte. Viele Mühe verwandte Br. Löper auf Vermittelung eines engeren Anschlusses an die Mutterloge. Willig wurde auch nach den Bestimmungen derselben allen Anweisungen in Logenangelegenheiten Folge geleistet, und auch die feindseligen Anträge des Br. Köppen

kurz abgewiesen; aber grosse Schwierigkeiten bereitete die
Forderung des Goldthalers, den die Mutterloge dem Einzelnen
gern erlassen, aber im Princip aufrecht erhalten wollte, während er von den BBr. hartnäckig verweigert und selbst mit dem
Uebertritt zur andern Loge gedroht wurde. Als alle Bemühungen des Br. Löper scheiterten, wurde 1773 endlich eine jährliche
Zahlung von 20 Thlr. an Recognitionsgebühren verabredet,
alle Logeneinnahmen dagegen der eigenen Loge zur Verwaltung überlassen. Ausserdem wurden die Logen zu Anclam
und Stargard mit ihrem Gesuche um ein Certificat nach Stettin gewiesen, was jene Logen jedoch ablehnten. In Folge
der Einigung der Mutterloge mit der grossen Landesloge von
Deutschland wurden auch hier die BBr. der Schwesterloge
zu den Arbeiten und zum Theil auch zu den Vergnügungen
zugelassen. Häufige Abwesenheit veranlasste den Br. Löper
schon 1774, den deputirten Meister, Br. S. D. Löper, mit
Abhaltung der Arbeiten zu beauftragen. Als dieser aber bald
darauf starb, wurden die Arbeiten etwas unregelmässig abgehalten, bis Johannis 1776 der Br. Schwitzky als deputirter
Meister die Leitung derselben übernahm. An diesem Tage
wurden zuerst die Mitgliedszeichen der Loge angelegt. 1777
wählte man zur Erleichterung des Verkehrs mit der Mutterloge den Br. E. Mayer in Berlin zum Repräsentanten bei
derselben. 1779 beantragte der Br. Schmidt, „von ungenannter Seite dazu aufgemuntert“, die Errichtung einer zweiten
Loge, welche, die Logenarbeiten ausgenommen, in allen Dingen mit der alten Loge verbunden bleiben sollte; sein Antrag
wurde abgelehnt, da die Zahl der BBr. zu klein für eine
Theilung sei. Zu gleicher Zeit erneuerte die Mutterloge den
Anspruch auf Zahlung des Goldthalers. Als darauf ein Vermittelungsversuch des Br. Löper vom Br. Wöllner hart zurückgewiesen wurde, weigerten die BBr. einmüthig die Zahlung desselben auf die Gefahr hin, wegen Ungehorsams excludirt zu werden. Der Br. Thede scheint einen vollständigen
Bruch verhindert zu haben, denn 1781 erliess die Mutterloge
gegen das Versprechen, die früher festgesetzten Recognitionsgebühren regelmässig zu zahlen, selbst den aus den letzten
2 Jahren schuldenden Beitrag. — Recipirt wurden unter Br.

Löpers Hammerführung die BBr. F. W. E. M. Petersdorf,
J. C. Kock, G. Simon, v. Borck, J. H. Triest, J. E. F. Krüger,
A. Barthold, Ch. S. S. Schiffmann, v. Parsenow, J. G. Löper,
C. S. Lüpke, Ch. G. Carow, J. H. Taube, S. F. v. Blankensee,
A. F. v. Scheven, D. W. Ladwig, J. F. Wahrendorff, O. S.
Bernhardi, L. C. Bein, A. F. Masche, J. Rettel, P. H. Pechüle,
Ch. L. Schmid, O. F. F. v. Bonin, Ph. C. L. v. Borcke, F.
W. v. d. Osten, C. F. v. Rapin Thoyras, H. F. D. Bauer,
le Fort, v. Schack und D. Celle und der dienende Br. J. Ch.
Colas und zu Mitgliedern aufgenommen die BBr. C. F. Siebe,
J. G. Ulrich, L. W. F. Bohm, O. A. v. Arnim, E. Ch. F.
Mayr und W. H. F. C. Graf v. Lepell.

Nachdem wegen Umbau des Hauses die Arbeiten 16 Monate lang eingestellt worden waren, begann man dieselben
wieder am 24. Juli 1781 mit der feierlichen Einweihung des
neuen Locals. Br. Löper hatte kurz vorher den Hammer
niedergelegt und den Br. Schwitzky zu seinem Nachfolger
empfohlen. Unter dieses Bruders Leitung blieb die Loge
äusserlich auf dem eingeschlagenen Wege. Friedrichs II.
Verbot aller und jeder Privatcollecten mit der Weisung,
„auch den Freimaurern das Privatcollectiren in etwas zu un-
tersagen“, wurde zwar der Loge mitgetheilt; doch genügte
die Erklärung, dass man sich bisher mit auswärtigen Col-
lecten-Sachen nicht eingelassen habe, um die Armenpflege
im frühern Sinne fortführen zu dürfen. Die Wintervergnügungen und Concerte wickelten sich alljährlich in alter Weise
ab. Durch die Logenarbeiten zieht sich eine Reihe von Reden des Br. v. Rapin Thoyras; sonst macht sich ein, wie es
scheint, unbewusstes Zurückgehen auf alte Formen bemerkbar.
Die Rüge mancher kleinen Unordnung weist indess auf ein
Nachlassen des Interesses für das Logenleben, welches seinen
tiefern Grund in der hervortretenden Unzufriedenheit mit der
unumschränkten Gewalt des Meisters zu haben scheint. Auffallend gross ist die Zahl der Receptionen. In dem Zeitraum
von 3 Jahren wurden aufgenommen die BBr. J. C. Hoffmann,
Ch. L. Carus, E. F. R. Sampe, G. Ch. Masche, J. H. Henniges,
C. G. Schmidt, J. Gossler, J. G. Oegler, D. L. Lorenzen,
A. H. Volckwien, R. F. Pohl, E. L. Nitschke, J. H. Görke,

C. Ch. Stöver, A. S. Redtel, W. F. Peters, J. F. R. Hübner, H. G. Effenbart II., H. G. Effenbart III., J. W. Redtel, C. L. v. Winterfeldt, J. G. M. Rathmann und und der dienende Br. J. F. Ritter, und als Mitglieder angeschlossen die BBr. J. C. N. Bielke, H. G. Wesenburg, A. W. Peters, J. G. Simon, Ch. Eckerdt, J. F. Leveaux, v. Winterfeldt (General) und J. F. W. Biester. Die letzte Reception Schwitzky's ist die des Br. J. J. Sell; als habe er erst damit seine langjährige, treue Arbeit für die Loge vollendet, legte er bald darauf den Hammer nieder. Er verliess 1784 Stettin, um sich in seinem Geburtsorte, Berlin, niederzulassen. In das letzte Jahr seiner Hammerführung fällt die Veröffentlichung der Declaration der Mutterloge in Bezug auf ihr Verhältniss zur stricten Observanz, wie zu den übrigen Logensystemen und die Einführung des Handgelübdes der Verschwiegenheit statt des bis dahin bei den Aufnahmen abgelegten Eides.

Die Leitung der Loge übernahm der bisherige deputirte Meister, Br. Barthold, ohne dass seine frühere Stelle wieder besetzt wurde. Nach Aufstellung eines status bonorum und Ausfertigung einer von allen Brüdern unterschriebenen Renunciations-Acte auf das Logeneigenthum wurde 1786 der wegen unzulänglicher Mittel aufgeschobene Bau eines Seitenflügels am Logengebäude ausgeführt. Die Theilnahme für die Bibliothek suchte der Br. Sell rege zu erhalten, aber die Benutzung des Saales für wöchentliche wissenschaftliche Vorträge wurde abgelehnt und die Betheiligung bei den Concerten nahm so ab, dass sie kaum in sehr beschränkter Zahl zu Stande gebracht werden konnten und die Aufführung der Passionsmusik ganz aufgegeben werden musste: viele Brüder hatten nur Sinn für sonstige Vergnügungen. Solchem Sinne suchte Br. Barthold durch Herstellung äusserer Ordnung in den Logenarbeiten vergebens ein Gegengewicht zu geben. Die Erinnerung an die vorgeschriebene Entschuldigung wegen Versäumniss der Arbeit, die Anlage eines Präsenzbuches riefen schon heftigen Widerspruch hervor und als von den unentschuldigt Fehlenden als Strafe ein Beitrag für die Armenkasse eingezogen werden sollte, stellten viele Brüder ihren

Logenbesuch gänzlich ein und verweigerten den Logenbeitrag; dabei geriethen auf unbegreifliche Weise die Rituale in profane Hände und wichtige Actenstücke verschwanden ganz. Auf's Höchste aber stieg die Verwirrung durch ein Zerwürfniss zwischen den BBr. Barthold und Stoltenburg. In profanen Verhältnissen entstanden, hatte Br. Barthold dasselbe mit Uebergehung des Schiedsgerichtes in der Loge zur Sprache gebracht und den Hammer niedergelegt. Die BBr. versuchten den Streit gütlich beizulegen und wählten, damit wenigstens die Arbeiten nicht unterbrochen wurden, den Br. v. Rapin zum deputirten Meister. Da protestirten die Anhänger Bartholds wiederholt gegen die Rechtmässigkeit der ohne den Meister vorgenommenen Wahl und riefen dadurch, als Barthold zwar den Hammer wieder übernehmen, aber keine Schritte zur Ausgleichung mit Stoltenburg thun wollte, von der andern Seite seine Nichtanerkennung als Meister vom Stuhl hervor. Um zum Frieden zu kommen und die 9 Monate lang unterbrochene Arbeit wieder aufnehmen zu können, wandte man sich endlich an die Mutterloge um Entscheidung. Diese sandte den Br. Winkelmann, welcher, als Barthold durch profane Verhältnisse genöthigt, den Hammer nicht wieder übernehmen konnte, eine Neubesetzung der Beamtenstellen veranlasste. Vier und zwanzig Brüder unterzeichneten die vorgeschriebene Acte, in welcher sie versprachen, „sich als Brüder zu lieben und nach maurerischen Regeln zu handeln"; die übrigen schieden in Folge einer Bestimmung, nach welcher die Mitgliedschaft der Loge von der Zahlung der Beiträge abhängig gemacht wurde, aus und wurden als besuchende Brüder angesehen. — Durch Reception wurden in dieser Zeit der Loge nur die Brüder E. W. O. C. v. Tettau und F. G. Braun und der dienende Br. Ebhardt, durch Ertheilung der Mitgliedschaft die BBr. Quantin und Helmholz angeschlossen.

Nach so stürmischer Zeit übernahm 1787 der Br. Fleck den Hammer und führte ihn, getreu das wahre Wohl der Loge im Auge behaltend, bis zu seinem Tode 1799. Die erste Sorge war auf Ordnung der öconomischen Verhältnisse gerichtet. Bei der geringen Mitgliederzahl, die man nicht durch unvorsichtige Receptionen zu vermehren fest entschlossen war, reichten die Beiträge kaum zur Erhaltung des Logenhaushaltes aus. Nachdem noch einmal die Mittel zum Ausbau des Hauses aufgebracht worden, verkaufte man dasselbe 1791, behielt sich aber das hypothekarisch eingetragene Recht vor, die dritte Etage gegen einen unveränderlichen Miethspreis als Logenlocal zu benutzen. So hatte man sich einer grossen Sorge entledigt und aus dem Kaufgelde ein kleines Kapital erübrigt. Br. Sell setzte seine Bemühungen für die Bibliothek fort und wandte ihr ausser der Erlaubniss zu einer Collecte in jeder Loge die Schriften eines von ihm gegründeten Lesekabinets für pièces fugitives zu; die Concerte musste man dagegen ganz aufgeben. Schwierig war es, die Clubbversammlungen aus dem Tone gewöhnlicher öffentlicher Tanz- und Musikvergnügungen, durch welchen der brüderliche Verkehr eher beschränkt als gefördert wurde, zu einer dem Sinne der Loge angemessenen Geselligkeit zurückzuführen. Manche Anträge im entgegengesetzten Sinne mussten zurückgewiesen werden, und noch mancher Br. verliess um solcher Ursachen willen die Loge, bis man endlich den Beschluss fassen konnte, dass nur Mitglieder der Loge an den Clubbversammlungen Theil nehmen durften. Auf die Armenpflege konnte man so grosse Summen wie früher nicht verwenden, nur die Suppenvertheilung dauerte fort. Daneben fing man im Winter 1788—89 nach dem Vorbilde der in Berlin bestehenden Gesellschaft zur Versorgung von Hausarmen mit Brennmaterial an, ähnliche Spenden zu veranstalten. 1790 ist auch noch einmal ein Concert zu Gunsten dieses Zweckes zu Stande gekommen; sonst war man auf die eigenen Beiträge beschränkt. In den Logenarbeiten wurde wieder strenge das Ceremoniell inne gehalten, von dem man sich entbunden hatte. Br. Bielke hielt Erklärungen und Vorlesungen über die drei ersten Grade und den Catechismus, und er wie Br. Sell waren bemüht, durch Reden den geistigen Inhalt der Arbeiten zu mehren. Erfreulich und anregend war den Brüdern dabei ein Besuch des Br. Thede im Jahre 1788. Mit der Mutterloge fand fast gar keine Verbindung Statt. Den zu leistenden Beitrag war man bei den geringen Einnahmen, wenigstens in der ersten

2*

Zeit, nicht im Stande zu bezahlen. Aufgenommen sind näm-
lich in den ersten 8 Jahren nur die BBr. J. C. E. Spalding,
F. W. Lutze, Th. Aegidi, J. W. Wilsnach, J. F. Hempel,
J. M. G. Lücke, J. F. A. Sanne, J. R. Buyretle und der dienende Br. Bauerschmidt, als Mitglieder angeschlossen die BBr.
v. Liebherr, J. F. X. Bernardon und Wolber, so dass die Loge
1796 nur 26 active Mitglieder neben 37 abwesenden und besuchenden BBr. zählte. Ein unerwartetes Hinderniss in der Armenpflege führte erst einen Wiederanschluss an die Mutterloge herbei. Um die Torfvertheilung etwas weiter ausdehnen zu können,
bat die Loge 1795 das Königl. General-Directorium um die
Gestattung einer Collecte. Ward diese auch um des Zweckes
willen dem p. Fleck und Consorten zugestanden, so lehnte
doch das General-Directorium die Anerkennung einer Loge
zu den drei Zirkeln als zu Recht bestehend ab und verlangte
den Nachweis rechtmässiger Constitution von Berlin. Daher
wandte sich die Loge, die ganze Sachlage offen darstellend,
an die Mutterloge; die gewünschte Anerkennung wurde übersandt und durch die Vermittelung der BBr. Thede und v. Rapin Thoyras kam 1797 eine Wiedervereinigung mit der Mutterloge zu Stande, welche seitdem bei liebevoller Sorge von
der einen und treuer Anhänglichkeit von der andern Seite
auf keinerlei Weise wieder getrübt worden ist. Der Br. Fleck
starb im Frühjahre 1799; in dankbarer Anerkennung seines
treuen Wirkens liessen die BBr. 1803 sein Bild für die Loge
malen.

In den letzten vier Jahren seiner Hammerführung wurden
die BBr. v. Alvensleben, E. A. Ph. v. Borck, A. A. Ch. C.
v. Normann, J. C. F. v. Stockhausen, G. B. Wandel, J. E.
Hävernick, C. F. Bachmann, J. L. Friederici und C. B. S.
v. Flemming der Loge durch Reception, und die BBr. Rose-
nes, v. Zemplin, v. Herr, G. A. F. Heineccius, Lembke, v.
Löper und v. Borcke durch Affiliation angeschlossen.

Nachdem der Br. Sell den Hammer übernommen hatte,
begann die Einführung der neuen Rituale. In den Arbeiten
treten neben dem Vortrage des Catechismus und der Bundes-
Statuten besonders die damals eingehenden Instructionen hervor, an welche sich nicht selten Erläuterungen knüpften,

und neben den Vorträgen des Br. Sell trug seit 1803 besonders der Br. Remy durch seine gehaltvollen Reden zur Belebung eines frischen, strebsamen Geistes unter den Brüdern bei. Nach der Ordnung des Archivs durch Br. Hübner begann auch wieder der seit langer Zeit unterbrochene Verkehr mit andern Logen; ebenso wurden die wissenschaftlichen Vorträge wieder aufgenommen, und 1804 konnte man auch wieder zur Veranstaltung kleiner Concerte schreiten. Zu den Armenanstalten der Loge trat in demselben Jahre das bis auf den heutigen Tag in segensreicher Wirksamkeit bestehende Luisen-Institut. Hatte man bis dahin mannigfache Sorge dem Krankenhause zugewandt, so lenkte der Br. Sell in einer Versammlung am 10. März, dem Geburtstage der hochverehrten Landesmutter, die Aufmerksamkeit der BBr. auf solche Kranken weiblichen Geschlechts, deren Stand ihre Aufnahme in dem Krankenhause nicht thunlich erscheinen lasse, und die doch oft, aller Mittel entblösst, dringend der Hülfe bedürftig seien. Schon die erste Sammlung gab nicht nur die Mittel, sogleich bei willig von den BBr. Aerzten übernommene unentgeltliche Behandlung durch freie Arzenei bülfreiche Hand zu leisten; man konnte auch ein kleines Capital zurücklegen, welches bald so anwuchs, dass man 1806 den Kranken auch Alimente und Geldunterstützungen gewähren konnte. Die edle Königin gestattete gern, dass man der Stiftung ihren Namen beilegte. — Waren die öconomischen Verhältnisse der Loge auch gut geordnet, so scheute man sich doch, der Logenkasse für äussere Einrichtungen oder gar zu Gunsten der Vergnügungen irgend Ausgaben zu verursachen; die BBr. ergänzten lieber mangelnde Inventarienstücke durch freiwillige Geschenke. Die geselligen Vergnügungen, dem Einflusse von Nichtmitgliedern der Loge gänzlich entzogen, gewannen dadurch eine wesentlich andere Gestalt, dass den Frauen und Kindern der Brüder der Zutritt zu denselben gestattet, und auf Br. Stoltenburgs Veranlassung auch die Hinterbliebenen geschiedener BBr. zur Theilnahme an denselben eingeladen wurden.

Mitten in dieser erfreulichen Entwickelung traf die Loge ein harter Schlag: Stettin, schmachvoll den Franzosen über-

liefert, blieb in den Händen derselben. Sich der zudring-
lichen Gäste zu erwehren, wurden die Arbeiten geschlossen,
und als jene selbst eine Loge zu etabliren beabsichtigten,
das Inventarium den einzelnen BBr. zur Bewahrung übergeben.
Darauf mit übermässiger Einquartierung (bis 30 Mann) und
Kriegscontribution belegt, war man, um die dazu nöthigen
Geldmittel herbeizuschaffen, genöthigt, das Vermögen der
Loge zu verpfänden und selbst das Capital des Luisen-Instituts einzuziehen. Erst im Herbste des folgenden Jahres, als
wohl in Folge des Tilsiter Friedens die Unterbringung der
französischen Besatzung in die Hände des Magistrats gelegt
wurde, befreite dieser die Loge als ein pium corpus, dessen
Mitglieder sich das Wohl ihrer Mitbürger angelegen sein
liessen, von der Einquartierung, wogegen sich die Loge frei-
willig zu einem Beitrage zu den der Stadt vielfach aufge-
bürdeten Lasten verpflichtete. Während des Winters konnte
man die Arbeiten wieder beginnen, und im folgenden Jahre
auch die bei der bedrängten Lage der Stadt um so noth-
wendiger gewordene Sorge für die Armuth wieder in die Hand
nehmen. Dass man, nachdem das Capital des Luisen-Instituts
wieder ersetzt worden, noch Mittel für eine neu einzurich-
tende Armenschule und Erziehungsgelder für Söhne verstor-
bener BBr. herbeizuschaffen vermochte, zeigt, dass die patrio-
tischen Bestrebungen zur Wiedergeburt des Vaterlandes auch
in dem Bruderkreise Wurzel geschlagen hatten, wollte man
nicht schon aus der bald wieder aufgenommenen Geburtstags-
feier des Königs und der Exclusion eines Br., welcher der
Betheiligung an der Ausrüstung franz. Kaper in Stralsund und
Danzig beschuldigt worden, auf die dem Vaterlande treu er-
gebene Gesinnung derselben schliessen. Inwiefern zu der von
der Mutterloge eingehenden Warnung vor Aufnahme von Mitgliedern geheimer Gesellschaften Veranlassung gegeben worden, ist schwer zu sagen; Politik, sagt Br. Remy, sei nicht
Sache der Loge, wohl aber, durch Erweckung des Sinnes für
das Höhere den Keim zu einer bessern Zukunft zu legen.
Auffallend bleibt die grosse Zahl der 1809 und 1810 statt-
gehabten Receptionen, und nur edle Begeisterung vermochte
in jenen schweren Zeiten neben Einführung pünktlichster Ord-

nung in den Logenarbeiten die freiwilligen Beiträge zur Mil-
derung der allgemeinen Noth zu verdoppeln und gleichzeitig
ein musikalisches Comité zur würdigen Ausführung der ri-
tualmässigen Gesänge zu bilden. Im Jahre 1812 feierte die
Loge die vor 50 Jahren stattgehabte Installation durch die
Mutterloge, und hatte die Freude, noch zwei der damals
schon der Loge angehörigen BBr. in ihrer Mitte zu sehen,
die BBr. Stoltenburg und Wolff. Noch einmal mussten während
der Blokade Stettins 1813 die Arbeiten wegen zudringlicher
Einmischung französischer Officiere sistirt werden, bis endlich
am 5. December die Stunde der Errettung aus 7jähriger Fremd-
herrschaft schlug. Die Bildung eines Rednervereins, die Veranstaltung von Versammlungen, „um das zu besprechen, was
auf das Wohl der Menschheit Bezug habe“, freudige Betheiligung an den Sammlungen für die Hinterbliebenen der im
Freiheitskriege Gefallenen zeugen in den nächsten Jahren
von dem in den Brüdern lebendig fortwirkenden Geiste jener
Zeit. — Da wurde am 23. März 1816 der Br. Sell zum ewigen Lichte abgerufen, schmerzlich betrauert von den Brüdern,
wie von so Vielen, die den Lehrer und väterlichen Freund
in ihm verehrten.

Aufgenommen wurden während seiner 17jährigen Ham-
merführung die BBr. J. W. Marsmann, J. Ph. Braumüller,
H. Ch. Reyll, J. F. v. Essen, J. G. Maanss, H. S. G. Eckstein,
Ch. W. Voigt, G. Ch. J. Haeger, J. F. G. Haeger, H. A.
Kahrus, G. F. B. Schultze, F. W. G. Rostkovius, W. Rasch,
P. H. Remy, J. C. F. Jarcke, J. A. Goltz, J. Prutz, C. F.
Schütt, F. A. W. Süssmann, A. Jahn, C. D. Ewerdt, D. W.
Hendel, H. L. L. Wolff, A. J. Ch. Wachenhusen, U. Wolter,
C. F. W. Birner, J. G. Weber, F. Ladewig, G. U. v. Klinkow-
ström, F. W. Gribel, J. C. F. Triest, G. F. am Ende, A. A.
H. Loeillot, J. F. Loeillot, C. W. G. v. Pirch, J. G. Kayser,
J. E. L. Hellwing, E. H. Augustin, J. H. Keibel, C. F. Matthias,
F. J. K. A. Kretschmer, A. L. Westermann, E. L. Dieckhoff,
C. O. v. Brauchitsch, J. W. Pichlau, A. F. Musche, J. H. W.
E. v. Trebra, O. L. Ch. v. Dewitz, F. C. L. v. Brauchitsch,
C. O. v. Wegerer, D. H. Jobst, A. F. H. Geppert, C. F.
Schmidt, G. F. Ph. H. Schmiedicke, M. F. B. Wentz, E. O.

Fernow, A. B. Becker, J. F. A. G. Pitzschky, A. v. Bojatko,
J. C. F. H. v. Arnim, F. W. Krause, C. A. W. Kirstein, F.
Riedel, Ch. L. L. Spangenberg, A. L. Philipsborn, J. A.
Brunnemann, J. G. L. Groos, Ch. H. Coith, W. H. O. v. d. Gröben,
A. F. Carmesin, Ch. G. Liebert, J. C. M. Schulz, D. W.
Schultze, J. L. v. Löper, W. v. Bruchenröder, F. Ph. Kölpin,
F. H. Michaelis, H. H. Kahl, G. J. Bruniers, J. H. Weilandt,
J. F. Bulle, J. G. Wasmannsdorff, A. F. Elten, C. W. Masche,
J. Ch. Höpfner, C. Wöhner, H. Ristow, A. W. Aumann,
J. Linau, H. L. Schäffer, F. D. Fontanés, H. A. W. Schröder,
J. G. Grassmann, F. W. Dieckhoff, H. E. Passehl, J. B.
Bethe und die dienenden BBr. S. Thoma, F. Gutknecht, M.
Miercke und M. Kühn, durch Affiliation angeschlossen die
BBr. Lentz, H. H. Schröder, J. E. Drogand, A. L. de Rapin
Thoyras, v. Wolde, D. F. Weinreich, G. L. Bindemann,
J. G. Wollkopf, P. G. v. Blankenburg, F. W. Schilling, F. C.
v. Linckersdorff, G. W. Moldenhauer, Müller, A. F. Wolfram,
H. W. Loest, C. A. Hanff, Ch. L. Luepke, H. C. H. Heiden-
reich, C. A. H. Ziegler, E. W. C. Cosmar, J. L. Zitelmann,
A. A. Bode, J. H. Dumrath, C. F. Weinreich, Bohm, J. H.
Brehmer, Th. W. Martini, F. Frauendienst und S. F. Balcke.

Manchen Brüdern erschienen indess einige der unter Br.
ßell's Hammerführung besonders gepflegten Logenbestrebungen
als Neuerungen, „gepflanzt durch den Geist einer neuen Schule,
welche sich bald in den Schleyer einer ihr selbst un-
verständlichen Mystik, bald in das Gewand der Frömmeley
hülle," bedenklich. Dem zu wehren, lenkte man die Wahl
der Beamten auf ältere Brüder: den Hammer übernahm der
Br. Hübner; der hochbetagte Br. Stoltenburg wurde zum
Ehrenmeister der Loge und auf deren Antrag von der Mutterloge zu ihrem Ehrenmitgliede ernannt; Br. Remy aber legte
das Redneramt nieder. — Die Mitgliederzahl der Loge erhielt
einen ansehnlichen Zuwachs durch den Anschluss von Officieren, welche in Feldlogen recipirt waren. Dem sonstigen
Besitzer des früheren Logenhauses hatte man die drückende
Bedingung der Ueberlassung des Locals für einen bestimmten
Miethszins nachgelassen, und sah sich, als das Haus nun in
andere Hände überging, einer übermässigen Steigerung der

Miethe ausgesetzt; doch wurde auch diese aufgebracht und
selbst die Mittel zur Ergänzung des Inventariums beschafft,
zugleich aber das immer umfangreicher werdende Rechnungs-
wesen sorgfältig geregelt. Da die Zwecke der Suppenkasse
anderweitig erfüllt wurden, so wandte man die sonst derselben zufliessenden Beiträge dem Luisen-Institut zu. Daneben
schloss man sich bereitwillig der von der Mutterloge angeregten Errichtung von Freitischen für in Berlin studirende
Maurersöhne an.

Schon im Frühjahr 1818 war die Loge durch den Tod
des Br. Hübner abermals verwais't. Aufgenommen wurden
während seiner Hammerführung die BBr. F. H. Kuhberg, A. Th.
v. Hagen, C. L. W. Hintzmann, H. v. Berge, J. F. Froreiff,
J. F. Cremat, G. Müller, Ch. F. Schwedersky, G. Schmidt,
W. A. Steffen, H. Cawitzel, C. v. Wedell, F. Görcke, C. G.
Jütte, C. L. Schleich, J. S. G. Mittag und M. F. W. Schüne-
mann, und affiliirt die BBr. C. v. Stülpnagel gen. v. Dargitz,
H. A. E. v. Thile, J. A. F. Freiherr Hiller v. Gärtringen,
W. N. Spiller, J. L. L. v. Rohr, F. W. Promnitz, A. H. W.
Hoyoll, C. F. Th. Mylen, A. L. Schultze, C. A. Hecker,
J. F. Maurer, A. Lemonius, J. L. Madihn, G. F. Strecker,
E. F. W. Neuss, A. v. Petry, E. Th. A. v. Roell, C. F.
Neumann, F. C. Matthias, J. E. C. Hones, St. T. v. Belle
und W. v. Heusch.

Die Hammerführung wurde dem Br. v. Essen übertragen.
Auch unter ihm dauerte der Anschluss von Officieren fort,
welche in Feldlogen aufgenommen, nicht selten von Beibrin-
gung eines Certificats oder Dimissoriale's entbunden werden
mussten. Während man so aus Patriotismus den Kämpfern
für die Freiheit des Vaterlandes die Aufnahme in jeder Weise
erleichterte, obgleich manche derselben die Loge bald wieder
deckten, oder nach andern Standquartieren versetzt, weiter
keine Nachricht von sich gaben, war man sonst mehr als je
bei der Aufnahme vorsichtig und legte besonders Gewicht
auf volle Selbstständigkeit in der bürgerlichen Stellung der
Suchenden. Aeusserungen des Meisters vom Stuhl gegenüber
laut werdende Bedenken wegen antichristlicher Tendenzen
im Orden führten durch die BBr. Grassmann, Steffen und

Geppert veranlasst eine Erklärung der Mutterloge durch den
Br. Bellermann in dieser Angelegenheit herbei, durch welche
jene Bedenken gehoben wurden. Jeden Zwist in der Loge
zu vermeiden legte der Br. Grassmann indess das Redneramt
nieder. Auf seine Veranlassung begann man 1819 durch freiwillige Beiträge die werthvolle Sammlung von Kupferstichen
anzulegen, welche noch heute einem unserer Säle zu würdi-
gem Schmucke gereicht. Zu Gunsten der Armen begann
man auch wieder am Busstage oder Charfreitage die seit
längerer Zeit eingestellt gewesenen Concerte. Eine erneute
Steigerung der Miethe rief zwar den Gedanken an die Er-
bauung eines eigenen Logengebäudes hervor; doch wurde
derselbe, um die BBr. nicht durch zu grosse Beiträge zu
überlasten, noch zurückgestellt. Für die Wintervergnügungen
wurden neue, theilweise noch jetzt bestehende Gesetze ent-
worfen und die Uebertretung derselben mit dem Ausschluss
von der Theilnahme bedroht.

Im Frühjahr 1821 legte der Br. v. Essen den Hammer
nieder und wurde an der Stelle des kurz zuvor zum ewigen
Lichte eingegangenen Br. Stoltenburg zum Ehrenmeister der
Loge erwählt. Während seiner dreijährigen Hammerführung
wurden aufgenommen die BBr. J. v. Kistowsky, W. F. Ockel,
C. M. Engelcken, C. L. Schultz, H. v. Harenberg, H. F.
v. Arnim, Th. F. F. Fischer, E. G. Guilhou, G. F. W. v.
Arnim, C. S. Grossmann, C. W. F. Meumann, W. F. Schaering,
J. D. Gillet, F. Ludwig, J. E. C. Rhaue, C. F. Euen, T. F. W.
Lau, J. C. A. Dubendorff, J. W. Henck und die dienenden
BBr. M. Klötzke und J. G. Kahl und affiliirt die BBr. F. A.
Claviter, G. T. Stützke, F. C. Meyer, J. G. Strecker, A. W.
Kölpin, C. L. v. Collignon, J. A. P. Burggaller, C. L. Villaret,
W. E. Witzlow, J. F. Bauer, J. C. A. F. v. Grassow, J. G.
Schreiber, C. F. Cramer, F. W. Freyschmidt, F. F. v. Pritzel-
witz und v. Roell.

Zum Meister vom Stuhl wurde der Br. Zitelmann gewählt. Wegen des beschränkten Raumes wurde beschlossen,
das Naturalien-Cabinet aufzulösen, und demgemäss der grösste
Theil desselben dem Gymnasio, einige Präparate aber dem
Hebammen-Institut überwiesen. Dagegen wurde die Biblio-

thek durch Br. Grassmann von Neuem geordnet und nach
Ausscheidung der maurerischen Schriften ein neuer Catalog
angefertigt. Indem die Versorgung der Armen mit Holz und
Torf an einen zu diesem Zwecke gebildeten Verein überging, hörten die bis dahin Seitens der Loge dazu veranstal-
teten Sammlungen auf, wogegen beschlossen wurde, alljährlich im März unter den Brüdern eine Collecte zu Gunsten
des Luisen-Instituts zu veranstalten. Zur Unterstützung armer
reisender Brüder wurde mit der Schwesterloge zu den drei
goldenen Ankern eine unter gemeinsamer Verwaltung stehende
Casse errichtet. Auf Veranlassung der Mutterloge fand 1822
eine Beschränkung der Wintervergnügungen Statt, dagegen
wurde im Frühjahre 1823 zur Förderung des Umganges zwischen den Familien der Brüder der Kunze'sche Garten ge-
miethet; die Erwerbung eines eigenen Logenlocals durch An-
kauf und Ausbau des Dilschmann'schen Hauses aber wurde
wegen der grossen Kosten abgelehnt.

Durch ein unglückliches Ereigniss wurde der Br. Zitelmann
am 23. April 1823 unerwartet aus dem Bruderkreise gerissen.
Während seiner nur 2jährigen Hammerführung sind aufge-
nommen worden die BBr. C. F. Kunz, A. F. Weiglin, C. L.
Lawerenz, E. Toussaint, C. S. W. Böttcher, F. Fanninger,
G. v. Melle, H. L. F. Richter, F. G. F. Rhades und die die-
nenden BBr. J. G. Peters und J. F. Fatzler, und durch Affi-
liation angeschlossen die BBr. B. L. F. W. v. Owstien, C. L.
Titz, A. E. H. v. Kamecke, F. F. Krügel, C. W. Foss, E. L.
Bethe, F. v. Usedom und F. Müller.

Die fast einstimmige Wahl der Brüder rief den Br.
Grassmann auf den Stuhl; doch folgte er diesem Rufe erst
nach Beseitigung einiger Bedenken in Bezug auf die von ihm
auszustellende Meisterverpflichtung so wie auf den von den
Neuaufgenommenen zu unterschreibenden Revers, sorgte dann
aber treulich 27 Jahre lang mit hingebender Liebe für das
wahre Beste der Loge. Unter seiner Hammerführung nahmen besonders die äussern Verhältnisse der Loge in mehreren Beziehungen eine andere Gestalt an. Der Besuch des
gemeinschaftlich gemietheten Gartens hatte auf den geselligen
Verkehr zwischen den Familien der Brüder einen so sichtlich

günstigen Einfluss geübt, dass, als die Pachtzeit desselben abgelaufen war, beschlossen wurde, ein eigenes Gartengrundstück zu erwerben; 1823 wurde der östliche Theil des jetzigen Logengartens angekauft, der anstossende Theil des damals wüst liegenden Vogelstangenberges von der Schützengesellschaft, welche ihn bis dahin benutzt hatte, auf 30 Jahre gepachtet, zu einem Garten umgeschaffen und in den folgenden Jahren darin ein Gesellschaftshaus aufgeführt. Die Mittel wurden theils aus dem Logenvermögen genommen, theils durch Actien aufgebracht. Den Mitgliedern beider hiesiger Schwesterlogen wurde die Theilnahme an dem Garten freigestellt, die Aufnahme von Nichtmaurern aber von der Zustimmung der Loge abhängig gemacht, welche auch die Verwaltung des Gartens durch eine von ihr aus den Mitgliedern der Loge gewählte Direction ausübt. Unter dem Anschluss der gebildetsten Familien Stettins ist der Logengarten eine Stätte edler Geselligkeit geworden, welche geschaffen und in einem der Maurerei würdigen Sinne erhalten zu haben, den Brüdern stets Befriedigung gewährt hat.

Fleissig wurde auch die schon früher begonnene Sammlung von Kupferstichen vermehrt und die Theilnahme für dieselbe durch Vorträge des Br. Grassmann über mehrere der bedeutendsten Bilder Raphaels rege erhalten. Ebenso begann man, theils zum Gebrauch bei dem jährlich im Frühjahr zum Besten der Armen stattfindenden Concerte, theils für die beiden zu den Wintervergnügungen gehörenden Logenconcerte eine Sammlung classischer Musikwerke in Partitur, Sing- und Orchesterstimmen anzulegen. Mit dem Aufhören der Armenconcerte hörten indess bald auch die Anschaffungen für geistliche Musik auf, während sie für Concertmusik noch längere Zeit fortgesetzt wurden.

Daneben machte sich freilich in fast allen Verhältnissen eine bedenkliche Abnahme des Interesses für das Logenwesen bemerklich. Das Bestehen der Wintervergnügungen war durch Mangel an Theilnahme zweifelhaft geworden, die wöchentlich stattfindenden geselligen Vereinigungen gingen auf mehrere Jahre ganz ein; es wurde Klage geführt über den unbefriedigenden Zustand der Kassenverwaltungen, über Missbrauch in der Verwendung der Mittel des Luisen-Instituts, über geringen Besuch der Logenarbeiten selbst Seitens der Beamten; die Concerte für die Armen nahmen ein Ende, und der seit 1813 bestehende Rednerverein hörte 1829 auf. — Die Bildung eines Stewarts-Collegiums, der Entwurf neuer Statuten für das Luisen-Institut und die Bildung eines besondern Vorstandes für dasselbe, so wie die Forderung einer Entschuldigung in der versäumten Arbeit suchten jenen Uebelständen abzuhelfen; die Concerte für die Armen und der Rednerverein sind aber nicht wieder ins Leben getreten.

Theils wiederholte Steigerung in der Miethe, theils die für die zunehmende Mitgliederzahl der Loge unzureichende Grösse des Locals mahnten an die Beschaffung eines eigenen Logenhauses. Zwar liessen Anhänglichkeit an die gewohnten Räume und das Bedenken, dass leicht nur mehr Raum für gesellige Vergnügungen, weniger für die eigentlichen Logenarbeiten gewonnen werden möchte, noch einmal den Vorschlag, sich in dem obern Stockwerk der neuerbauten Börse einzurichten, zurückweisen; aber als das Bedürfniss grösserer Räumlichkeiten immer dringender wurde, schloss man mit dem Br. Mai einen Contract, durch welchen er sich verpflichtete, bei dem Neubau seines Hauses die obern Stockwerke desselben den Logenzwecken entsprechend einzurichten und der Loge auf 20 Jahre zu überlassen. Als dann später das Haus zum öffentlichen Verkauf gestellt wurde, kaufte die Loge es, früherer übler Erfahrungen eingedenk, an. Mit wehmüthigen Gefühlen verliessen die älteren Brüder die Räume, in denen die Loge 70 Jahre lang ihre Stätte gehabt, in denen die Mehrzahl der Brüder das maurerische Licht erblickt hatte: am Johannisfeste 1839 fand die letzte Arbeit in den alten, am 30. October mit Einbringung des Lichtes durch eine Deputation der Hochw. grossen National-Mutterloge die feierliche Einweihung der neuen Logenräume Statt. Hatten die Arbeitszimmer so wie die für gesellige Zusammenkünfte der BBr. bestimmten Räume durch diesen Wechsel wesentlich gewonnen, so hatte man doch eines, bis dahin von der Loge stets mit Sorgfalt gepflegten Instituts weniger gedacht: für die Bibliothek konnte leider kein, eine bequeme Benutzung ermöglichender Raum beschafft werden. Arbeiten aber, wie geselliges Zusammenleben nahmen einen neuen Aufschwung; doch liess die Besorgniss vor dem Ueberhandnehmen nicht-maurerischer Bestrebungen wie im Logengarten das Auflegen politischer Zeitungen, so im Logenhause die Anschaffung eines Billards und die vielfach zu profanen Zwecken beanspruchte Benutzung desselben ablehnen, — nur den unter Leitung des Br. Loewe stehenden Vereinen für Gesang und Instrumentalmusik, deren Mitglieder der Mehrzahl nach der Loge angehörten und in den Logenconcerten mitwirkten, wurde zu ihren Uebungen die Benutzung eines Zimmers zugestanden. Im Jahre 1844 wurde besonders durch Br. Senff das ganze Kassenwesen der Loge einer gründlichen Revision unterworfen und auf's Neue geordnet. Das Luisen-Institut hatte im Laufe der Jahre ein Kapital gesammelt, dessen Zinsen mit der jährlich zum Geburtstage der Königin Luise stattfindenden Sammlung nicht nur ausreichten, die eigenen Ausgaben zu decken, sondern noch jährlich einen Ueberschuss zur Armenkasse abzuführen. Die sonstige monatliche Sammlung für dasselbe wurde zur Bildung einer Dispositions-Kasse verwandt, aus welcher dem Meister vom Stuhl frei steht, hülfsbedürftigen reisenden Brüdern Unterstützung zu gewähren, ohne dazu erst die Zustimmung der Meisterschaft einzuholen. Auch die Logen-Armenkasse hatte zum Theil durch Legate einiger BBr., zum Theil aus den Ueberschüssen des Luisen-Instituts wie der eigenen Sammlungen ein Capital gewonnen. In der Verwendung ihrer Mittel trat dadurch eine wesentliche Aenderung ein, dass beschlossen wurde, dieselben nicht, wie bisher wohl geschehen war, zu zersplittern, und daher, ohne sich dadurch der Abhülfe wirklicher Nothstände zu entziehen, der Loge ferner liegende Unterstützungsgesuche abzulehnen, dagegen lieber Wittwen und Waisen geschiedener BBr. dauernde monatliche Unterstützungen zu gewähren. Um für Söhne minder bemittelter Brüder Studien auf höheren Lehranstalten zu ermöglichen, wurde statt der früher für Berlin gewährten Freitische eine besondere Stipendienkasse errichtet, und dieser eine jährliche Sammlung zugewiesen, welche es erlaubt hat, bis zu fünf Stipendiaten eine jährliche Unterstützung von 50

Thlr. zukommen zu lassen. Eine besondere Verwaltung hat
der Logengarten, welcher aber wie alle Kassen, bei denen
nicht die Ansammlung eines Capitals beabsichtigt wird, etwaige
Ueberschüsse jährlich zur Logen-Hauptkasse abführt. — Um
den immer umfangreicher werdenden Verkehr mit den Schwesterlogen weniger kostspielig zu machen, schloss die Loge
sich gern dem Correspondenz-Bureau des Br. Jonas an, nachdem die schon früher zu diesem Zwecke von hier aus ge-
machten Vorschläge von der Mutterloge abgelehnt, die Theilnahme an dem in Leipzig errichteten Correspondenz-Bureau
von derselben aber nicht gewünscht wurde. Mit den Schwesterlogen des eigenen Systems in den naheliegenden Orienten
stellten sich, zum Theil wohl begünstigt durch die Errichtung des innern Orients, die freundlichsten Beziehungen her;
aber auch mit der Loge „drei goldne Anker zu Liebe und
Treue“, der zum System der grossen Landesloge von Deutschland gehörenden Schwesterloge Stettins, knüpfte sich ein immer inniger werdendes Band, jemehr die BBr. bei dem häufigen gegenseitigen Besuch der Logenarbeiten nicht sowohl
eines Gegensatzes beider Systeme, als vielmehr eines Reich-
thums der Maurerei inne wurden, die ihr Licht in doppelter
Weise spendend, gerade dadurch für nicht wenige Brüder
geistig und sittlich fördernd geworden ist.
Von bedeutenderen Logen-Festlichkeiten, welche nicht
ohne anregenden Einfluss auf das Logenleben blieben, sind
während des Br. Grassmann Hammerführung zu nennen das
am 24. Juli 1831 gefeierte Maurer-Jubiläum des Br. Ch. L. Kahrus (nicht Ch. L. Carus, wie p. 16, Z. 3 v. u. irrthümlich steht),
der sich während eines Zeitraums von 20 Jahren, in denen
er Beamter der Loge war, um dieselbe mannigfache Ver-
dienste erworben hatte; der Besuch Sr. Majestät, unseres
hochverehrten Königs, als Protector sämmtlicher Freimaurer-
Logen unseres Vaterlandes am 24. März 1843 und die Feier
der 25jährigen Hammerführung des von allen Brüdern verehrten und geliebten Br. Grassmann am 24. Juni 1848, dessen Gedächtniss zu erhalten eins der Logen-Stipendien seinen
Namen erhielt.
Zwar sind die schweren Bedrängnisse jener Jahre auch

an unserer Bauhütte nicht ohne bedauerliche Spuren vorüber-
gegangen, doch blieb die grosse Mehrzahl der BBr. durch
dieselben in ihrer maurerischen Thätigkeit unbeirrt. Der Br.
Grassmann aber legte 1850, nachdem schon 2 Jahre vorher
die BBr. Scheibert und Lemonius zuweilen stellvertretend
seine Arbeiten in den Johannisgraden übernommen hatten,
den Hammer nieder.

Während seiner 27jährigen Hammerführung wurden auf-
genommen die BBr. J. W. A. Möschke, F. W. L. Grone,
F. Matthias, C. F. W. Keck, A. F. Peters, G. F. W. Beitzke,
H. L. Werdt, F. G. B. Schmidt, E. C. P. Ebert, E. Silberschmidt,
H. W. Recht, A. v. Schmidterlow, F. H. Morin, Th. Stinde,
L. A. Dieckhoff, C. G. Löwe, C. G. Scheibert, J. F. W.
Schultz, C. A. W. Dubendorff, E. L. Th. Wegener, J. H. E.
Rahm, W. F. Fleischer, A. L. B. Altvater, W. L. E. Schmidt,
F. H. Baudouin, E. F. Th. Krause, A. R. W. Braumüller,
Th. R. Krafft, Ch. Hess, J. W. Wilsnach, A. W. Starck,
C. L. F. Krause, C. A. L. Borck, E. Sanne, A. F. Mayer,
C. W. A. John, C. H. E. L. Ratt, H. G. Grassmann, G. Th.
Brehmer, F. H. A. Berg, H. F. M. Uhle, F. W. H. Senff,
C. F. Hoffschild, J. D. Palleske, H. F. Runge, E. A. Pitzschky,
J. W. Pitzschky, G. Kremser, C. H. Riedel, E. F. Jahn,
A. F. Schultz, C. E. L. F. Leske, J. W. Lischke, Th. E. L. B.
Meyer, E. F. v. Pirch, F. W. Binder, C. H. G. Zachariae,
H. H. Nieder, G. A. Wellmann, C. G. Hartmann, J. Th. E.
Matthias, V. B. Deycks, L. E. E. Behm, A. W. Lange, G. A.
v. Normann, C. W. Schöneberg, F. J. S. Mandel, A. C. F. Ch.
v. Platen, C. L. W. Kuhk, F. A. Fellechner, F. A. v. Hardten-
stern, A. Merker, G. L. Borchers, Ch. A. H. Dittmer, Th.
v. Foller, F. Bahr, O. C. F. Rosenberger, J. Fraisse, G. F.
Seipel, C. Th. Kreich, E. H. v. Billerbeck, E. W. Gribel,
L. Eicksen, R. C. A. Philip, E. E. Wendt, C. F. Ladewig,
F. W. H. Ziethen, S. Vienner, A. H. v. Harenberg, R. v.
Lepell, A. F. Kressmann, F. B. Pieschel, G. C. F. Sucrow,
C. G. A. Stahlberg, W. L. Trost, H. Th. R. Wulffbein,
H. E. W. Klee, J. A. A. Sachse, J. F. A. de la Barre, J. A.
Rohleder, C. F. W. Hasselbach, C. F. W. Jungklass, F. Ch. A.
Lindau, J. C. H. Riedel, J. N. B. Klossowsky, H. A. W.

Eickhoff, C. B. Niemann, F. A. Köhlau, O. R. Nöhmer, H. G.
W. Schulze, A. F. W. Wissmann, C. G. E. Galle, A. F. W.
Buchholz, J. Th. Eichstädt, G. L. Karow, C. C. R. Rocks,
E. R. B. Michaelis, A. C. A. v. Böhn, F. W. L. v. Brock-
hausen, C. F. W. Koch, F. R. Müller, C. F. J. Schmidt, A.
J. C. F. Runge, H. K. W. Hering, R. S. L. Grassmann, H. A.
Th. Lieckfeldt, G. v. Tippelskirch, E. F. W. Fähndrich, E.
v. Chamisso und die dienenden Brüder J. Krause, F. Hintze,
C. L. Ch. Böbber, K. L. Otto, J. F. Seeberger, J. F. Gutknecht,
Ch. W. Wetzel, G. Schröder, H. Pohl, A. Bathke, G. Bieck,
F. Rosien, G. F. Schnell und F. H. Stephan. Durch Affilia-
tion schlossen sich der Loge an die BBr. G. H. Nöldechen,
C. F. Herrmann, W. C. v. Bülow, A. W. Wächter, A. Herr-
mann, C. S. F. Budde, A. Heinlé, F. W. L. Siebrandt, H. J.
Anderson, C. G. v. Zepelin, C. F. Kriele, C. W. Trojanus,
F. W. Weinreich, C. H. F. W. Fischer, C. G. Lenz, F. W.
L. Beich, L. Eyme, C. A. v. Radecke, G. L. Stägemann, J.
L. D. v. Rode, H. J. R. E. F. Lesser, C. G. E. Rathmann,
C. Regis, J. Ch. A. Kühne, F. L. W. v. Neindorf, C. W. H.
Hildebrandt, Ph. Pottgiesser, F. W. Böthke, E. J. L. Stein-
brück, L. A. L. v. d. Schleuse, J. G. L. Grüttner, O. L. Rich-
ter, F. L. v. Zaluskowsky, E. F. Hildebrandt, J. A. Schmidt,
J. G. Klindt, L. Wartenberg, Ch. G. L. Ulrich, J. F. Bennin,
F. L. C. v. Dadelsen, C. J. Regenspung, E. F. Th. Reich,
C. F. Lipten, C. F. Curio, W. M. F. Berggold, F. Meier, E.
Schönert, O. Strahl, E. F. Th. Funk, P. C. W. Guticke, G.
C. R. Fuchs, H. F. Meyer, A. H. Lemonius, F. O. Greese,
F. W. A. Kosmann, A. H. Emsmann, R. Röhler, C. J. A.
Boeckh, M. A. Schulte, F. H. Petersen, J. W. Muttray, E.
Eichmann, H. L. F. Richter, G. A. Golien, Th. Schreyer, C.
F. E. Lübcke, J. E. Schmidt, B. Pommerenicke, F. E. Strass-
berger, F. W. Rahm, J. C. Schack, C. A. W. Hekel, H. W.
G. Köhler, C. L. A. Calebow, H. Böthke, E. v. Mayer, F. ·
W. E. Alberti, G. Bartels und A. H. Otto.

Für das folgende Jahr übernahm der Br. Scheibert, schon
seit längerer Zeit als Redner, dann als deputirter Meister
durch seine gehaltvollen, geistig anregenden und fördernden
Vorträge von bedeutsamem Einfluss auf die Logenarbeiten,

die Hammerführung. In diesem Jahre wurden der Loge durch
Reception die BBr. H. G. Schwertfeger und Th. M. Wendisch,
durch Affiliation die BBr. C. G. Spangler, C. T. H. v. Langen,
C. Pust, O. M. Schür, C. L. A. Baatsch und C. Ch. L. F.
Marquardt angeschlossen.

Am Johannistage 1851 übernahm. der Br. Lemonius den
Hammer. Wiederum wurde ein Versuch gemacht, den wöchentlichen geselligen Zusammenkünften durch populär - wissenschaftliche und musikalische Vorträge eine andere Gestalt
zu geben, ohne dass ein dauernder Erfolg gewonnen werden
konnte. Dagegen trat später der Vorschlag auf, die Zahl
jener Versammlungen zu verdoppeln, und alle vier Wochen
ein Familienkränzchen zu veranstalten; der erste Vorschlag
wurde ganz abgelehnt, der letztere versuchsweise im Anfange
1856 ausgeführt. Im Jahre 1852 feierte die Loge am 24.
Juni das 50jährige Maurer-Jubiläum des als Stewart (1812—30)
um die Loge wohlverdienten, später in seinen profanen Verhältnissen mannigfach geprüften Br. G. F. B. Schultze.

Aufgenommen wurden während der Hammerführung des
Br. Lemonius die BBr. G. J. Bräutigam, F. A. J. Heyse, C.
E. Kruse, J. F. E. Gräber, J. E. Degner, A. F. F. Scherping,
C. A. R. Bettenstädt, Th. Jung, H. W. Th. F. Berggold, A.
F. Masche, H. J. L. Theune, C. F. W. Walther, H. E. Hoppe,
H. F. Weinreich, J. H. A. Riebe, Ch. O. Kisker, H. C. Ch.
Burmeister, O. S. Grossheim, F. W. Ch. Baade, C. A. Theune,
F. W. Heydenreich, A. G. C. Lincke, J. A. André, J. A.
Lüpcke, F. W. Marquardt, J. C. W. P. Bartholdy, H. A. W.
Röhl, F. W. A. Schmidt, A. W. R. Draeger, H. H. W. Wilcke,
J. F. V. Mecke, G. Uzdowsky, O. F. Gadebusch, J. G. F.
Boldt, C. A. Th. Bellin, H. A. F. Krause, C. L. Merten, C.
G. L. Goetsch, F. F. B. Puchstein, F. C. Brewing, C. W. F.
Dieckmann, L. Hindersin, O. C. H. Strübing, C. H. Pretzel,
R. Th. Lübcke, F. L. Schultz, J. L. E. Bode, F. L. P. Ivers,
R. M. Th. Freyschmidt, J. Ch. A. Teitge, E. E. R. Grantze,
F. J. H. Cuntz, G. W. Preuss, R. Rückforth, F. W. C. Holder-
Egger und die dienenden BBr. F. E. Wittmann und Th. E.
M. Bochert, affiliirt die BBr. H. G. Metzler, J. H. Quistorp,
A. H. I. Silling, G. F. C. Ch. Barby, F. L. Kahlenberg, W.

G. v. d. Heyde, S. E. M. Böhme, H. W. F. Gülle, H. Reimarus und J. G. J. Berger.

Nachdem Br. Lemonius den Hammer niedergelegt hatte, wurde Br. Hering 1856 zum hammerführenden Meister gewählt. Die schon früher versuchte Umgestaltung der geselligen Zusammenkünfte wurde nun ausgeführt: die bisherigen Wintervergnügungen, für die oft nur geringe Zahl von Theilnehmern mit bedeutenden Kosten verknüpft, wurden mit den Familienkränzchen vereinigt und zur Deckung der dadurch entstehenden Kosten für alle hiesigen Brüder der Logenbeitrag um 2, nach einem spätern Beschluss um 3 Thlr. erhöht. Dem Vorschlage, allabendliche Zusammenkünfte im Logenlocale zu veranstalten, wurde zwar Raum zur Ausführung gestattet, doch hörten dieselben aus Mangel an Theilnahme nach kurzer Zeit wieder auf. Dasselbe Schicksal traf auch die bei den wöchentlichen Versammlungen wieder begonnenen Vorträge, da solchem Bedürfniss durch Bildung eines wissenschaftlichen Vereins unter lebhafter Betheiligung der BBr. anderweitig genügt wurde; gern betheiligen sich die Schwestern und Brüder aber an den Vorträgen in den Familienkränzchen. — Bei der hie und da hervortretenden Beschränktheit der Arbeitsräume trat zwar der Vorschlag, ein grösseres Logengebäude aufzuführen, hervor, wurde jedoch, weil dadurch ein wesentlich erhöhter, für weniger bemittelte BBr. drückender Logenbeitrag nöthig geworden wäre, abgelehnt, und durch innern Umbau so viel wie möglich für Erweiterung der Räumlichkeiten gesorgt. Nach Ablauf der 30jährigen Pachtzeit des Vogelstangenberges wurde mit der Schützengesellschaft, wenn auch unter ungünstigeren Bedingungen, auf die nächsten 10 Jahre ein Contract abgeschlossen, um den Logengarten auch für weitere als die maurerischen Kreise zu erhalten. — Durch eine Festloge wurde am 17. Februar 1857 das 50jährige Maurer-Jubiläum der BBr. A. F. Masche und L. E. Dieckhoff, beide als Beamte der Loge um dieselbe hoch verdient, gefeiert, dagegen dieselbe Jubelfeier des Br. C. F. Weinreich auf seinen Wunsch am 23. April 1859 ganz in der Stille begangen.

Unter Br. Herings Hammerführung wurden recipirt die BBr. L. Löwenberg, A. A. F. W. Preussendorff, C. H. F.

Schröder, F. L. E. Behm, J. C. F. Spiller, F. W. F. Melchior,
J. C. A. Tenschert, E. R. Th. Röttger, Th. F. Kernstein, C.
F. R. E. Silber, C. F. A. A. Lampel, E. H. C. G. Brunkow,
H. W. R. Wegener, G. A. Zenke, Ch. D. Jaenecke, W. F.
Casten, J. F. A. H. Miller, R. A. E. H. Woltersdorf, R. Th.
A. Scheidemann, W. L. Schmidt, G. A. Barsekow, E. A. F.
Schmidt, G. W. H. Crüger, C. L. Kranz, Th. Dieckhoff, E.
G. Glagau, A. H. Grawitz, C. R. Th. Held, J. J. Schacht,
F. W. E. Kühne, E. A. E. Dobert, W. L. Mehring, G. H. Th.
Eilert, C. H. Nünneke, H. E. Saare, O. C. F. v. Stojentin,
J. H. C. Th. v. d. Nahmer, O. Ruhbaum, W. Mayer, F. W.
Dunker, W. G. R. Busse, A. H. G. Guilhou, G. E. Busse, J.
C. G. Lerche, F. W. R. H. Höfer, F. W. Claus, F. W. J.
Kettlitz, F. W. Rosenlew, F. W. Brock, C. H. A. Heinlé,
F. A. J. Boysen, R. A. Ch. F. Selle, E. Ph. L. Löwer, K. L.
Schleich, A. J. F. v. d. Lühe, F. W. Th. Habelmann, H. O.
Stuhr, F. J. Obse, C. L. Weitze, F. W. Rückforth, H. W.
L. Ewald, A. C. D. S. Rohloff, E. C. J. Heyn, H. Ch. A. Pe-
tersen, J. H. F. Fischer, C. L. A. G. Diederichs, C. H. A.
Suffert, L. H. Horn, C. F. A. Bruun, C. H. Krüger, B. L.
Hasselbach, E. A. F. Przewinsky, L. F. Sterzel, R. O. J.
Wandel, R. A. F. Kanzow, C. M. B. Fliess, F. F. Kayser,
W. C. F. Heuschert, Th. O. Weicher, C. G. H. Crohn, J. L.
Frank, H. J. A. Kugler und G. H. Hartmann und die dienen-
den BBr. W. Marlow, Ch. Börner, A. Glietz, F. Menge, M.
F. Holz, C. Drake, H. W. Spreemann, J. D. G. Ziese und
F. Wille. Durch Affiliation schlossen sich der Loge an die
BBr. G. W. Reich, E. P. Wuttig, A. Th. R. Knapp, A. Sey-
dell, A. L. J. Lorenz, A. W. Weidemann, F. C. R. Greffrath,
R. Magunna, C. B. W. Scheibler, J. J. v. d. Wyngaert, L. E.
A. v. Reichenbach, C. A. Zimmermann.

So ist die Zeit des hundertjährigen Bestehens unsrer Loge
herbeigekommen. Herzliche, opferwillige Theilnahme an der
Noth der Mitmenschen als Frucht wahrer Religiosität; sorgliche
Pflege der Wissenschaft und der Kunst, welche die Arbeiten auf
der geistigen Höhe der Zeit zu erhalten, und die Freuden der
geselligen Versammlungen vor dem Eindringen ihres trüben
Spiegelbildes, vor der Lust, zu bewahren suchten; das sind

die drei Säulen, welche in frühester Zeit in unserm Tempel
aufgerichtet, stets fleissige und treue Arbeiter um sich ver-
sammelt haben; sie sind ein theures Vermächtniss unserer
Väter, welches sich nach aber hundert Jahren in unsrer
geliebten Bauhütte treu bewahrt finden möge.

Das walte Gott!

Statistische Nachrichten.

1. Ehren-Meister unserer Loge.

1. Andreas Gottlieb Stoltenburg,
   Kaufmann und Commerzienrath, Altermann der
   Falster Compagnie.
   1817 bis 1821.

Mitstifter der Loge, Redner 1761—1762, Secretair 1761—63, zweiter Aufseher 1763—1764 und 1772—1787, erster Aufseher 1787—1800, Schatzmeister 1764—1807.

2. Johann Friedrich v. Essen,
   Kaufmann und Stadtrath.
   1821 bis 1826.

Subst. Cer.-Meister 1809—1816, subst. erster Aufseher 1816 bis 1817, erster Aufseher 1817—1818, Meister vom Stuhl 1818 bis 1821.

3. Constantin Gottlieb v. Zepelin,
   General-Lieutenant und Commandant Stettins.
   1826 bis 1849.

4. Justus Günther Grassmann,
   Gymnasial-Professor.
   1849 bis 1852.

Bibliothekar 1817—1829, vorber. Br. 1817—1818, Redner 1818—1819, Meister vom Stuhl 1823—1850.

5. Andreas Friedrich Masche,
   Geheim-Rath und Oberbürgermeister Stettins.
   1855 bis 1857.

Subst. erster Aufseher 1818—1821, zweiter Aufs. 1821—1837, deput. Meister 1837—1847.

6. Wilhelm August **Steffen**,
Dr. med. und Geh. Medicinal-Rath.
Seit 1855.
Redner 1822—1825, deput. Meister 1825—1837.
7. August **Lemonius**,
Kaufmann und General-Consul.
Seit 1861.
Vorber. Br. 1841—1842, subst. deput. Meister 1842—1850,
deput. Meister 1850—1851, Meister vom Stuhl 1851—1856.

2. Beamte der Loge.

a. Meister vom Stuhl.

1761. Carl Wilhelm **Schwitzky**, Kaufmann.
1764. Johann Christian Anton **Thedo**, Königl. General-
Chirurg.
1767. David **Letocart**, Legations-Secretair.
1771. ad. int. Samuel David **Löper**, Regierungs-Advocat.
1771. Johann Joachim **Löper**, Geh. Justiz-Rath und Regie-
rungs-Director.
1776. In Stellvertretung Löpers, C. W. **Schwitzky**.
1781. Carl Wilh. **Schwitzky**, Ober-Empfänger und Rendant bei der Königl. Haupt-Tabaks-Kasse.
1785. Andreas **Barthold**, Kaufmann.
1787. Andreas Gottlieb **Fleck**, Kaufmann, Consenior des
See- und Handelsgerichts.
1799. Johann Jacob **Sell**, Provinzial-Schulrath und Gymna-
sial-Director.
1816. Johann Friedr. Rudolph **Hübner**, Kaufmann und rus-
sischer General-Consul.
1818. Johann Friedr. v. **Essen**, Kaufmann und Stadtrath.
1821. Joachim Ludwig **Zitelmann**, Regierungs-Rath.
1823. Justus Günther **Grassmann**, Gymnasial-Professor.
1850. Carl Gottfried **Scheibert**, Director der Real- (Friedr.-
Wilh.) Schule.
1851. August **Lemonius**, Kaufm. und General-Consul.
1856. Herrmann Konrad Wilhelm **Hering**, Gymnasial-Prof.

b. Deputirte Meister.

1763. Pierre Boudille du Guibert, Dr. med.
1763. Joh. Christ. Ant. Thede, General-Chirurg.
1764. vacat.
1767. Carl Franz Baron v. Sobeck, Oberst und Commandeur des Regiments v. Queist.
1769. Detlaff Baron v. Viettinghoff, Major u. Bat.-Commandeur im Regiment v. Queist.
1771. Sam. Dav. Löper, Reg.-Advocat.
1774. Carl Wilh. Schwitzky, Ober-Empfänger und Rendant, seit 1776 zugleich den Hammer führend.
1781. Andr. Barthold, Kaufmann.
1785. vacat.
1786. Carl Friedrich v. Rapin-Thoyras, Ober-Gerichts-Rath und Director des Colonial-Gerichts.
1787. Joh. Carl Nathanael Bielke, Assessor bei der Kriegs- und Domainen-Kammer.
1791. vacat.
1794. Joh. Jac. Sell, Prof. und Rector des Gymnasiums.
1800. Joh. Friedr. Rud. Hübner, Kaufm. und russ. Consul.
1816. Johann Friedr. Gottlieb Haeger, Dr. med., Medic.-Rath u. Stadt-Physicus.
1818. Joh. Ludwig Leopold v. Rohr, Reg.-Director.
1825. Wilhelm Aug. Steffen, Dr. med. und Med.-Rath.
1837. Andr. Friedr. Masche, Geh. Reg.-Rath und Ober-Bürgermeister.
1847. Carl Gottfr. Scheibert, Director der Realschule.
1850. Aug. Lemonius, Kaufmann und General-Consul.
1861. Carl Gustav Spangler, Ober-Post-Director.

c. Substituirte deputirte Meister.

1837. Johann Gottlieb Klindt, Ober-Post-Director und Rechnungs-Rath.
1840. Gottlieb Müller, Ober-Landes-Gerichtsrath.
1842. Aug. Lemonius, Kaufm. und Gen.-Consul.
1850. vacat.
1851. Carl Gustav Spangler, Ober-Post-Director.
1861. vacat.

d. Erste Aufseher.

1761. Johann Friedrich Mölling, Kaufmann.
1762. Andreas Gottlieb Fleck, Kaufmann.
1764. Carl Franz Baron v. Sobeck, Oberst.
1767. Detlaff Baron v. Viettinghoff, Major.
1769. Andr. Gottl. Fleck, Kaufmann.
1787. Andr. Gottl. Stoltenburg, Kaufmann.
1800. Carl Friedr. v. Rapin Thoyras, Ober-Ger.-Rath u. Dir. des Col.-Gerichts.
1801. Johann Gottlieb Oegler, Kaufm. und Magistrats-Mitglied, später Commerzienrath.
1808. Georg Leopold Bindemann, Reg.-Secretair.
1811. Daniel Friedr. Weinreich, Senator und Kaufm.
1815. Adolph. Joh. Christian Wachenhusen, Kaufm.
1817. Joh. Friedrich v. Essen, Kaufmann.
1818. Joach. Ludw. Zitelmann, Reg.-Rath.
1821. Daniel Heinr. Jobst, Stadt-Justiz-Rath, später Land- und Stadt-Gerichts-Rath und Abtheilungs-Dirigent.
1838. Gottlieb Müller, Ober-Landes-Gerichts-Rath.
1840. Carl Friedr. Weinreich, Kaufmann.
1847. Carl Samuel Wilh. Böttcher, Makler.
1855. Ludwig Ernst Eduard Behm, Dr. med. und Geh. Med.-Rath.

e. Zweite Aufseher.

1761. Andr. Gottl. Fleck, Kaufmann.
1762. Pierre Boud. du Guibert, Dr. med.
1763. Andr. Gottl. Stoltenburg, Kaufmann.
1764. Detlaff Baron v. Viettinghoff, Major.
1767. Joh. Heinr. Gasser, Med.-Assessor und Raths-Apotheker.
1770. Sam. David Löper, Reg.-Advocat.
1771. Joach. Jacob Rhades, Dr., Gymn.-Lehrer und Mitglied des Med.-Coll.
1772. ad int. Herrmann Gottfr. Effenbarth, Buchdrucker.
1772. Andr. Gottl. Stoltenburg, Kaufmann.
1787. Carl Friedr. v. Rapin Thoyras, Ober-Ger.-Rath u. Dir. des Col.-Gerichts.

1800. Joh. Gottlieb Oegler, Kaufm. und Raths-Mitglied.
1801. Joh. Gottfried Henniges, Kaufmann und Altermann des Seglerhauses.
1806. David Lüer Lorentzen, Kaufm.
1815. Georg Friedr. Heinr. Schmiedicke, Stadt-Syndicus.
1816. Samuel Friedr. Balcke, Post-Director.
1817. Daniel Heinrich Jobst, Stadt-Justiz-Rath.
1821. Andreas Friedr. Masche, Stadtrath, Bürgermeister, dann Ober-Bürgermeister.
1837. Carl Friedr. Weinreich, Kaufmann.
1840. Carl Samuel Wilh. Böttcher, Makler.
1847. Bernhard Pommerenicke, Major und Abtheilungs-Commaad. der 2. Art.-Brig.
1849. Heinr. Herrmann Kahl, Kaufmann.
1854. Georg Bartels, Kaufmann.

f. Redner.

1761. Andr. Gottl. Stoltenburg, Kaufmann.
1763. Friedr. Wilh. Scholtz, Kaufm.
1763. Johann Gottlieb Fritze, Cand. med.
1764. vacat.
1770. Joh. Joach. Löper, Geh. Justiz-Rath und Reg.-Dir.
1771. vacat.
1774. Andreas Barthold, Kaufmann.
1781. ad int. Gottfried Simon, Kaufmann.
1781. Carl Friedr. v. Rapin Thoyras, Ober-Ger.-Rath u. Dir. des Col.-Gerichts.
1785. Joh. Carl Nath. Bielke, Assessor bei der Kriegs- u. Domainen-Kammer.
1787. Joh. Jacob Bell, Prof. und Rector des Gymn.
1800. Carl Friedr. Bachmann, Gymn.-Lehrer u. Musik-Dir.
1807. Peter Heinrich Remy, Dir. des franz. Col.-Gerichts.
1816. Joh. Carl Matthias Schulz, Archid. an St. Jacobi.
1817. Joh. Ludw. Leop. v. Rohr, Reg.-Director.
1818. Just. Günther Grassmann, Gymn.-Prof.
1819. Ernst Wilh. Coelestin Cosmar, Justiz-Commissarius.
1821. Joh. Heinrich Weiland, Gymn.-Lehrer.
1822. Wilh. Aug. Steffen, Dr. med.

1825. Martin Friedr. Wilh. Schünemann, Prediger an St. Jacobi.
1836. Carl Gottfried Scheibert, Gymn.-Oberlehrer.
1840. Carl Wilh. Heinrich Hildebrandt, Prediger.
1841. Carl Gottfr. Scheibert, Dir. der Realschule.
1845. Eduard Heinr. Müller, Dr. med. und Kreis-Physicus, später Medicinal-Rath.
1847. Ludw. Ernst Eduard Behm, Dr. med. u. Med.-Rath.
1851. Herrm. Konr. Wilh. Hering, Gymn.-Prof.
1856. Herrm. Günther Grassmann, Gymn.-Prof.

g. Secretaire.

1761. Andr. Gottl. Stoltenburg, Kaufmann.
1762. Joh. Bernh. Engelhoff, der Handl. Beflissener.
1763. Joh. Gottl. Fritze, Cand. med.
1764. ad int. Joh. Christoph Planert, Kaufmann.
1764. Carl Wilh. Schwitzky (im Auftrage!).
1774. Christoph Ludwig Krause, Reg.-Secret.- und Sportel-Kassen-Rendant.
1785. Joh. Christ. Planert, Kaufmann.
1787. Joh. Friedr. Rud. Hübner, Kaufmann und Raths-Mitglied.
1800. Joh. Friedr. Aug. Sanne, Kaufm. u. schwed. Consul,
1808. Christian Ludw. Schmid, Hofrath.
1811. Franz Joh. Carl Andr. Kretzschmer, Criminal-Rath.
1815. Joh. Friedr. Andr. Gottlob Pitzschky, Kaufmann u. Stadtrath.
1832. Gottfried Schmidt, Reg.-Secr., später Geheim-Secr. und Bureau-Vorst. bei dem Haupt-Steuer-Amt.
1838. Heinr. Ludw. Werdt, Hauptm. und Reg.-Archivar.
1851. Ludw. Adolph Dieckhoff, Buchhalter bei der Kämmerei.
1855. Joh. Friedr. Bennin, Kanzlei-Rath u. Bureau-Vorst. bei dem Haupt-Steuer-Amt.
1858. Carl Friedr. Marquardt, Rendant der Land-Feuer-Societät.
1859. Adolf Georg Carl Lincke, Lehrer an der Friedr.-Wilh.-Schule.

h. Vorbereitende Brüder.

1761. Pierre Boud. du Guibert, Dr. med.
1764. vacat.
1802. Daniel Wilh. Ledewig, Criminalrath und Secretair bei dem Seegericht.
1804. Leopold Georg Bindemann, Königl. Kammer-Secr.
1808. Joh. Carl Friedr. Triest, Prediger.
1810. Adolf Joh. Christian Wachenhusen, Kaufmann und Stadtrath.
1811. Heinr. Wilh. Loest, Stadt-Justizrath.
181'. Joh. Carl Matthias Schultz, Archid. an St. Jacobi.
1817. Justus Günther Grassmann, Subrector am Gymn.
1818. Aug. Friedr. Heinr. Geppert, Justiz-Commissarius.
1819. Georg Leopold Bindemann, Hofrath.
1821. Justus Benignus Bethe, Reg.-Rath.
1824. Gottlieb Müller, Ober-Landes-Ger.-Rath.
1838. Wilh. Ludw. Ewald Schmidt, ·Dr. med.
1840. Christoph Gottfr. Leop. Ulrich, Reg.- u. Schulrath.
1841. August Lemonius, Kaufmann.
1842. Heinrich Ferd. Runge, Dr. med.
1843. Carl Leop. Ferd. Krause, Justiz-Rath u. Justiz-Comm.
1847. Friedr. Wilh. Alb. Kosmann, Ober-Appel.-Ger.-Rath.
1851. Aug. Hugo Emsmann, Dr. phil., Prof. an der Friedr.-Wilh.-Schule.

i. Schatzmeister.

1761. Joh. Friedr. Mölling, Kaufmann.
1762. Pierre Boud. du Guibert, Dr. med.
1762. Ernst Christ. Witte, Kaufmann.
1763. Herrm. Gottfried Effenbarth, Buchdrucker.
1764. Andreas Gottlob Stoltenburg, Kaufmann.
1807. David Lüer Lorentzen, Kaufmann.
1818. Johann Prutz, Kaufmann und Stadtrath.
1826. Franz Heinrich Michaelis, Kaufmann.
1831. Friedr. Gottlob Benjamin Schmidt, Stadtrath und Kämmerer.
1841. Friedr. Wilh. Weinreich, Kaufmann u. Stadtrath.
1859. Friedr. Aug. Köhlau, Kaufmann.

k. Stewarts.

1761. Andr. Gottl. Fleck, Kaufmann.
1762. Pierre Boud. du Guibert, Dr. med.
1762. Joh. Benedict Wolff, Kaufmann, bis 1764.
1762—63. Friedr. Wilh. Scholtz, Kaufmann.
1763—64. Abraham Jeanson, Kaufmann.
1764—66. Dan. Aug. Gohl, Königl. Ober-Commissarius.
1766—67. Andr. Gottl. Fleck, Kaufmann.
1767—68. Dan. Aug. Gohl, Königl. Ober-Comm.
1768—70. Carl Wilh. Schwitzky, Ober-Empf. u. Rendant.
1770—74. Georg Philipp Battré, Assessor u. Secretair bei
dem franz. Col.-Gericht.
1770—81. Abraham Jeanson, Kaufmann.
1774—90. Carl Friedr. Peters, Kaufmann.
1781—89. Christ. Ludwig Mützell, Königl. Tabaks-Maga-
zin-Inspector.
1789—91. Joh. Rettel, Kaufmann.
1790—91. Carl Friedrich Siebe, Kaufmann.
1791—93. Herrmann Gottfr. Effenbarth, Crim.-Rath.
1793—97. Friedrich Wilh. Lutze, Kaufmann.
1797—1800. Joh. Gottl. Oegler, Kaufm. u. Raths-Mitgl.
1797—1801. Joh. Gottfr. Henniges, Kaufmann und Altermann des Seglerhauses.
1800—1806. David Lüer Lorentzen, Kaufmann.
1801—20. Joh. Herrm. Görcke, Post-Secretair.
1806—9. Dan. Friedr. Weinreich, Kaufm. u. Mag.-Mitgl.
1809—10. Joach. Gustav Maanss, Kaufmann.
1809—11. Ad. Joh. Christ. Wachenhusen, Kaufm. und
Stadtrath.
1810—12. Joh. Friedr. v. Essen, Kaufm. und Stadtrath.
1812—30. Georg Friedr. Benj. Schultze, Kaufmann.
1816—19. Friedr. Wilh. Gribel, Kaufmann.
1817—20. Joh. Herrmann Dumrath, Kaufmann.
1819—23. Carl Friedr. Weinreich, Kaufmann.
1820—45. Theodor Wilh. Martini, Kaufmann.
1831—33. Ernst Christ. Philipp Ebert, Rechnungs-Rath u.
Dirigent des Seehandlungs-Comptoirs.
1831—46. Friedr. Wilh. Gribel, Comm.-Rath u. Kaufm.

1831—36. Joh. Christoph Carl Kühne, Hauptm. u. Garnison-Bau-Director.

1833—41. Friedr. Wilh. Freyschmidt, Premier-Lieut. u. Bank-Cassirer.

1839—40. Joh. Christ. Carl Kühne, Hauptm. u. Bau-Dir.

1840—43. Friedr. Heinr. Wilh. Senff, Hauptmann im Ing.-Corps.

1841—49. Aug. Ludw. Wilh. Braumüller, Dr. med.

1843—57. Jul. Wilh. Wilsnach, Kgl. Lotterie-Einnehmer.

1845—49. Carl Herrm. Ernst Ludw. Ratt, Reg.-Assessor.

Seit 1846. Carl Wilh. Schöneberg, Reg.-Bau-Cond. und Lehrer an der Gewerbe-Schule, später Stadt-Baurath.

1849—50. Carl Wilh. Ludw. Kuhk, Kaufmann.

Seit 1849. Jul. Wilh. Pitzschky, Kaufm. u. Gen.-Consul.

1850—54. Ernst Friedr. Wilh. Theod. Reiche, Kaufmann.

1854—60. Gustav Barby, Kaufmann.

Seit 1857. Albert Heinr. Ludw. Silling, Director der Provinzial-Zucker-Siederei.

1858—59. Carl Wilh. Ludw. Kuhk, Kaufmann.

1858—59. Friedr. Aug. Köhlau, Kaufmann.

Seit 1859. Carl Theodor Kreich, Kaufmann u. Braueigner.

Seit 1859. Aug. Jul. Carl Ferd. Runge, Kaufmann.

Seit 1860. Friedr. Wilh. Caspar Holder-Egger, Steuer-Inspector u. Hauptm. im 2. Landw.-Regim.

1. Almosenpfleger.

1774—96. Christ. Friedr. Sanne, Kaufm. und Raths-Mitgl. Hospitalier.

1774. Herrm. Gottfr. Effenbarth, Buchdrucker.

1785. Carl Friedrich v. Rapin-Thoyras, Ober-Gerichts-Rath und Reg.-Dir.

1787. Joh. Carl Friedr. Meyer, Hof-Apotheker.

1811. Christ. Ludw. Kahrus, Kaufmann.

1822. Joh. Friedr. Bauer, Bank-Director.

1826. Wilh. Ferd. Schäring, Reg.-Haupt-Cassen-Buchhalter.

1826. Carl Friedrich Weinreich, Kaufmann.

1838. Friedr. Wilh. Freyschmidt, Hauptmann und Bank-Cassirer.

m. Ceremonienmeister.

1761. Pierre Boud. du Guibert, Dr. med.
1762. Jean de Friese, Concessionarius.
1764. vacat.
1774. Georg Philipp Battré, Assessor u. Secretair bei dem franz. Col.-Gericht.
1785. Joh. Carl Nath. Bielke, Assessor bei der Kriegs-Domainen-Kammer.
1787. Joh. Jacob Sell, Prof. u. Rector des Gymnasiums.
1795. Friedr. Wilh. Lutze, Kaufmann.
1800. Gustav Adolph Ferd. Heineccius, Ob.-Salz-Insp.
1804. Dan. Wilh. Ladewig, Crim.-Rath und Secretair bei dem Seegericht.
1805. Joh. Philipp Braumüller, Kaufmann.
1809. Heinr. Aug. Kahrus, Kaufmann.
1825. Heinr. Herrm. Kahl, Kaufmann.
1828. Carl Friedr. Weinreich, Kaufmann.
1837. Friedr. Wilh. Freyschmidt, Prem.-Lieut. u. Bank-Cassirer.
1860. Carl Friedr. Jul. Schmidt, Kaufm. und Stadtrath.

n. Bibliothekare.

1765. Andr. Gottl. Fleck, Kaufmann.
1767. David Letocart, Legations-Secretair.
1774. Andr. Gottl. Fleck, Kaufmann.
1786. Joh. Jacob Sell, Prof. und Rector des Gymnasiums.
1803. Georg Leop. Bindemann, Königl. Kammer-Secr.
1805. Peter Heinrich Remy, Director des franz. Col.-Ger.
1816. Joh. Carl Matth. Schulz, Archid. an St. Jacobi.
1817. Just. Günther Grassmann, Subrector am Gymnas.
1830. Gottfr. Schmidt, Reg.-Secr.
1836. Heinr. Ludw. Werdt, Reg.-Secret. und Archivar.
1851. Ludw. Adolph Dieckhoff, Buchhalter b. d. Kämmerei.
1852. Eduard Wilh. Gribel, Dr. phil., Oberlehrer an der Friedr.-Wilh.-Schule.
1854. Herrm. Konr. Wilh. Hering, Gymn.-Prof.
1856. Herrm. Günther Grassmann, Gymn.-Prof.
1857. Ad. Georg Carl Lincke, Lehrer a. d. Fr.-W.-Schule.

o. Subst. erste Aufseher.

1809. Joh. Phil. Braumüller, Kaufm.
1811. Joh. Georg Martin Rathmann, Kriegsrath.
1812. Ad. Joh. Christ. Wachenhusen, Kfm. u. Stadtrath.
1815. Joh. Friedr. v. Essen Kaufmann.
1817. Joach. Ludw. Zitelmann, Reg.-Rath.
1818. Andr. Friedr. Masche, Stadtrath.
1821. Eugen Leop. Dieckhoff, Raths-Anw., dann Stadtrath.
1838. Carl Sam. Wilh. Böttcher, Makler.
1840. Friedr. Heinr. Wilh. Senff, Hptm. im Ing.-Corps.
1841. Franz Carl Matthias, Hptm. im Colb. Reg.
1845. Leop. Wartenberg, Reg-. u. Forstrath, dann Ober-
Bürgermeister.
1848. Ernst Ludw. Bethe, Kfm. u. Stadtrath.
1850. Heinr. Wilh. Gust. Köhler, Major im 2. Landw.-Reg.
1854. Ludw. Eduard Ernst Behm, Dr. med. u. Med.-Rath.
1855. Rudolph v. Lepell, Hptm. im 2. Inf.-Reg.
1860. Friedr. Wilh. Heinr. Ziethen, Major a. D.

p. Subst. zweite Aufseher.

1809. Dan. Friedr. Weinreich, Kaufm.
1811. Ad. Joh. Christ. Wachenhusen, Kfm. u. Stadtrath.
1812. Georg Friedr. Heinr. Schmiedicke, Stadt-Syndicus.
1815. Daniel Heinr. Jobst, Stadt-Justizrath.
1817. Leop. Eug. Dieckhoff, Raths-Anwalt.
1821. Carl Ludw. v. Collignon, Major im 2. Inf.-Reg.
1826. Franz Friedr. v. Pritzelwitz, Hptm. im Reg. Colberg.
1830. Carl Aug. v. Radecke, Major u. Ing. v. Platz.
1834. Emanuel Friedr. Wilh. Neuss, Hptm. a. D. u. Landes-
Secretair.
1835. Joh. Christ. Carl Kühne, Hptm. u. Garnison-Bau-
Director.
1840. Leop. Wartenberg, Reg.- u. Forstrath.
1845. Ernst Ferd. Theod. Krause, Hptm. im 2. Inf.-Reg.
1846. Joach. Andr. Schmidt, Ob.-Lieut. u. Bat.-Comm. im
Reg. Colberg.
1848. Heinr. Herrm. Kahl, Kaufm.
1849. Heinr. Wilh. Gust. Köhler, Major im 2. Landw.-Reg.

1850. Ernst Ludw. Theoph. W e g e n e r , Kfm. u. Stadtver-
ordneten-Vorsteher.
1855. Ernst Ferd. J a h n , Kaufmann.

q. Subst. Redner.

1805. Peter Heinr R e m y , Dir. des fr. Col. Ger.
1807. vac.
1820. Joh. Heinr. W e i l a n d , Gymn.-Lehrer.
1828. vac.
1822. Mart. Friedr. Wilh. S c h ü n e m a n n , Pred. an St. Jac.
1825. Friedr. Franz Theod. F i s c h e r , Archid. an St. Jacobi.
1836. vac.
1837. Christian H e s s , Rector.
1840. Carl Gottf. S c h e i b e r t , Dir. der Fr.-W.-Schule.
1841. Ed. Heinr. M ü l l e r , Dr. med. u. Kreis-Phys.
1845. Ludw. Ed. Ernst B e h m , Dr. med. u. Med.-Assessor.
1847. Eduard Carl Ludw. Ferd. L e s k e , Rector.
1857. Aug. Hugo E m s m a n n , Dr. phil., Prof. a. d. Fr.-W.-Sch.
1858. Ferd. Rud. Gust. Z a c h a r i a e , Dr. jur., Justiz-Rath
und Rechts-Anwalt.
1860. Aug. Ferd. Wilh. W i s s m a n n , Dr. med.

r. Substit. Secretaire.

1763. Georg Carl Friedr. R e t t i c h , Kaufmann.
1764. vacat.
1772. Christoph Ludwig K r a u s e , Reg.-Secretair.
1774. Gottfried S i m o n , Kaufmann.
1784. Joh. Christoph P l a n e r t , Kaufmann.
1785. Joh. Friedr. Rud. H ü b n e r , Kaufmann.
1787. vacat.
1796. Friedr. Wilh. L u t z e , Kaufmann.
1798. vacat.
1802. Joh. Ehrenfried D r o g a n d , Gouvern.-Auditeur.
1809. Franz Joh. Carl Andr. K r e t z s c h m e r , Crim.-Rath.
1811. Joh. Friedr. Andr. Gottl. P i t z s c h k y , Kaufmann und
Stadtrath.
1815. vacat.
1816. Joach. Ludw. Z i t e l m a n n , Reg.-Rath.

1817. Franz Phil. Kölpin, Stadt-Justiz-Rath, dann Land-
und Stadt-Gerichts-Rath.
1839. Joh. Gottl. Strecker, Hauptm. a. D. u. Verm.-Rev.
1842. Otto Strahl, Lieut. und Post-Secretair.
1846. Ludwig Adolph Dieckhoff, Buch. bei d. Kämmerei.
1851. Ed. Wilh. Gribel, Dr. phil., Oberl. an d. Fr.-W.-Sch.
1854. Joh. Friedr. Bennin, Geh. Secr. u. Bureau-Vorst.
1855. Carl Friedr. Marquardt, Rendant der Land-Feuer-
Societät.
1858. Ad. Georg Carl Lincke, Lehrer an d. Fr.-W.-Sch.
1860. Sam. Ephraim Martin Böhme, Kreis-Ger.-Secret. u.
Bureau-Vorstcher.

s. Subst. vorbereitende Brüder.

1804. Christ. Ludw. Schmid, Hofrath.
1807. vacat.
1814. Joh. Carl Matth. Schulz, Archid. an St. Jacobi.
1815. vacat.
1820. Gottlieb Müller, Ober-Landes-Ger.-Rath.
1824. Mart. Friedr. Wilh. Schünemann, Pred. an St. Jacobi.
1825. Friedr. Franz Theod. Fischer, Archid. an St. Jacobi.
1836. vacat.
1838. Carl Wilh. Heinr. Hildebrandt, Prediger.
1840. Christian Hess, Rector.
1841. Curl Gottfr. Lenz, Ober-Landes-Ger.-Rath.
1845. Friedr. Wilh. Albert Kosmann, Ob.-Land.-Ger.-Rath.
1847. Aug. Hugo Emsmann, Dr. phil., Oberl. an der Fr.-
Wilh. Schule.
1851. Christ. Hess, Rector.

t. Subst. Ceremonienmeister.

1804. Joh. Phil. Braumüller, Kaufmann.
1805. vacat.
1806. Heinr. Aug. Kahrus, Kaufmann.
1809. Joh. Friedr. v. Essen, Kaufmann u. Stadtrath.
1815. vacat.
1820. Aug. Lemonius, Kaufmann.
1824. Curl Friedr. Weinreich, Kaufmann.

1828. vacat.
1829. Friedr. Wilh. Frey schmidt, Prem.-Lieut. im Stett. Landw.-Bat.
1837. Carl Sam. Wilh. Böttcher, Makler.
1838. Ernst Ludw. Theoph. Wegener, Kaufm. u. Stadtrath, Vorst. der Kaufmannschaft.
1850. Ernst Emil Wendt, Kaufm. u. Gen.-Consul.
1851. Carl Friedr. Jul. Schmidt, Kaufm. und Stadtrath.
1860. Ludwig Hindersin, Director der Rittersch. Bank.

3. Ehren-Mitglieder der Loge.

1. Friedrich Maurer, Buchhändler in Berlin, Repräsentant der Loge bei der Hochw. Nat.-Mutterloge, 1800—1825.
2. J. G. Ebert, Königl. Commerzien-Rath in Berlin, 1800—1805.
3. Jean Berr, Königl. Commerzien-Rath in Berlin, später in Potsdam, 1814—1838.
4. Johann August Friedrich Freiherr Hiller v. Gärtringen, General der Infanterie, 1818—1858.
5. Johann Ernst Leopold Helwing, Königl. Preuss. Hoffiscal und Justiz-Commissarius in Cöslin, 1818—1858.
6. Johann Ludwig Leopold v. Rohr, Königl. Regierungs-Präsident in Stralsund 1818 — 1825, deputirter Meister der Loge, 1825—1851.
7. Friedrich Wilhelm Ferdinand Schultz, Dr. med., Hof-Medicus und Hofrath in Berlin, Repräsentant der Loge, 1826—1831.
8. Franz Christian Gottlieb v. Steinäcker, Königl. Landrath in Greiffenhagen, Stifter der Loge Franz zum treuen Herzen, 1831—1838.
9. Theodor Kanzler, Professor am Friedrichs-Gymnasium in Berlin, Repräsentant der Loge, 1832—1846.
10. August Albrecht Scipio v. Katte, Major in der Armee, in Finkenwalde bei Damm, 1834—1839.
11. Wilhelm v. Neindorf, Oberst und Inspecteur der Artill.-Werkstätten in Berlin, 1836—1844.

4*

12. Carl August v. Radecke, Major, Inspector der
sächs. Festungs-Inspection in Magdeburg, 1830 — 1834 subst.
zweiter Aufseher der Loge, 1838—1844.

13. Carl Friedrich August Müller, Vorsteher der Kaufmannschaft und K. K. östr. General-Consul, Logenmeister der
Loge „drei goldne Anker zu Liebe und Treue“, 1839—1840.

14. Johann Carl Christian Kühne, General-Major a. D.
in Coblenz, Stewart der Loge 1831 — 1836 und 1839 — 40,
und subst. zweiter Aufseher 1835—1840, seit 1840.

15. Friedrich Wilhelm Rostkovius, Dr. med. und Medicinal-Rath in Stettin, 1814—1840 Arzt des Luisen-Instituts,
1844 bis 1850.

16. Ernst Christ. Philipp Ebert, Geh. Rechnungs-Rath
bei der Königl. Seehandlung in Berlin, 1831—1833 Stewart
der Loge, Repräsentant der Loge, 1846—1858.

17. Johann Gottlieb Klindt, Ober - Post - Director und
Rechnungs-Rath a. D. in Breslau, 1837—1840 subst. deputirter Meister, seit 1850.

18. Carl Alexander Rudolph Palmié, Prediger der
französischen Gemeinde in Stettin, 1855—1858.

19. Heinrich Samuel Fischer, Geh. Kanzlei - Inspector
bei dem Königl. General-Post-Amt in Berlin, Repräsentant der
Loge, seit 1856.

20. Wilhelm Gustav Ferdinand Selbstherr, Appell.-
Gerichts-Chef-Präsident a. D. in Breslau, 1856—1859.

21. Carl Friedrich Messerschmidt, Wirklicher Geh.
Kriegsrath im Kriegsminist. und General-Proviantmeister, Na-
tional-Grossmeister der Hochw. Gr. National-Mutter-Loge zu
den drei Weltkugeln, seit 1858.

22. Ignatz Franz Maria v. Olfers, Dr. phil. und med.,
Gen. -Director der Königl. Museen, deput. Nat.-Grossmeister
der Hochw. Gr. Nat.-Mutterloge, 1858—1861.

23. Carl Friedrich v. Selasinsky, General der Infanterie, Landes-Ordens-Grossmeister der Hochw. Grossen Landesloge von Deutschland, 1858—1859.

24. Gustav Adolph Schiffmann, Archidiaconus an St.
Jacobi in Stettin, Logenmeister der St. Joh.-Loge „drei goldne
Anker zu Liebe und Treue“, seit 1858.

25. Wilhelm August Grünert, Geh. Justiz-Rath, Land-
gerichts- und Landschafts-Direct. a. D. in Stargard, seit 1859.
26. Samuel Marot, Dr. theol., Ober-Consistorial-Rath,
Prediger an St. Nicolai in Berlin, Meister v. Stuhl der St·
Joh.-Loge „zur Verschwiegenheit", seit 1859.
27. Friedrich Wilhelm Spohn, Prediger an St. Ger-
trud in Stettin, deput. Logenmeister der St. Joh.-Loge „drei
goldne Anker zu Liebe und Treue", seit 1859.
28. Friedrich Wilhelm Deter, Königl. Polizei-Rath a.
D. in Berlin, Gross-Archivar der Hochw. Gr. Nat.-Mutter-Loge
zu den drei Weltkugeln, seit 1861.

Während sich zur Bildung der Loge la parfaite union
nur 5 Brüder verbanden, zählte die Loge bei ihrer Installation durch die Mutterloge am 4. April 1762 schon 9 und bei
der Errichtung der Loge zu den drei Zirkeln am 14. Decbr.
1764 22 Mitglieder. 1780 war die Zahl der Mitglieder bis
auf 55 nebst 2 dienenden BBr. angewachsen, sank dann aber
in Folge der oben erwähnten Zerwürfnisse 1796 bis auf 26
Mitglieder und 2 dienende BBr. neben 37 abwesenden und
besuchenden BBr. herab. Allmälig erhob sich die Zahl wieder
1803 auf 49 Mitgl., 2 dien. BBr. und 2 Ehrenmitgl.,
1809 auf 67 Mitgl., 4 dien. BBr. und 1 Ehrenmitgl.,
1812 auf 85 Mitgl., 1 dien. Br. und 1 Ehrenmitgl.,
1817 auf 109 Mitgl., 5 dien. BBr. und 2 Ehrenmitgl.,
1822 auf 135 Mitgl., 6 dien. BBr. und 4 Ehrenmitgl.,
sunk dann aber allmälig bis
1827 auf 128 Mitgl., 5 dienende BBr. und 5 Ehrenmitgl.,
um sich dann wieder bis
1840 auf 148 Mitgl., 8 dien. BBr. und 7 Ehrenmitgl.,
1848 auf 204 Mitgl., 11 dien. BBr. und 6 Ehrenmitgl. zu
erheben. Noch einmal sank die Zahl
1852 auf 183 Mitgl., 7 dien. BBr. und 5 Ehrenmitgl.
herab, ist aber seitdem
1860 auf 250 Mitgl., 11 dien. BBr. und 9 Ehrenmitgl.
gestiegen, und beträgt gegenwärtig
254 Mitgl., 13 dien. BBr. und 9 Ehrenmitglieder.